W9-DEW-214

Las LEYES del AMOR

Las LEYES del AMOR

Crea la relación de tus sueños

CHRIS PRENTISS

alamah

Título original: *The laws of love* publicado originalmente por Power Press Publishing

De esta edición:
D.R. © Santillana Ediciones Generales, S.A. de C.V., 2012.
Av. Río Mixcoac 274, col. Acacias.
México, 03240, D.F.

Primera edición: septiembre de 2012.

ISBN: 978-607-11-2065-6

Diseño de cubierta e interiores: Fernando Ruiz Zaragoza
Traducción al español: Sandra Rodríguez

Impreso en México.

Para tí, que buscas la relación perfecta, siempre más profunda, más creciente, siempre mayor, y siempre convirtiéndose más y más en lo que deseas, en lo que sueñas, en lo que luchas. Que seas amado y valorado por quien tú amas durante un largo paseo juntos por el camino que hayas elegido en esta vida.

Gracias especiales a mi esposa, Lyn:

Eres un tesoro sin medida, una manifestación siempre presente de qué tan maravillosa puede ser una relación cuando se vive de acuerdo a las leyes del amor.

A los lectores de Las leyes del amor*:*
He vivido con mi esposo Chris durante once años y quiero que sepan que han sido los años más felices de mi vida.
LYN PRENTISS

Índice

Ley 14

Nota del autor

A lo largo del libro, cuando hago mención de la pareja, en todo momento debe entenderse que puede tratarse de un hombre o una mujer. Para evitar la molesta y repetitiva frase "él o ella", en ocasiones sólo uso uno de estos pronombres, o en su caso el "ellos". Por ejemplo, la frase: "Entonces tienes que vivir con ellos" puede entenderse como: "Entonces tienes que vivir con él o ella".

Existen varias palabras para describir a una persona con quien tienes una relación personal. Para facilitar la lectura y agregar variedad, he alternado palabras como *pareja*, *compañero* o *ser amado* para referirme a la persona que amas y con la que quieres construir una relación ideal. Si no consideras que esa persona sea tu esposo o compañero, y yo así la nombro, por favor sustituye esa palabra por *pareja* o cualquier otro término que consideres que se aplica a tu situación personal.

Agradecimientos

Gracias especiales a Nigel J. Yorwerth y a Patricia Spadaro de PublishingCoaches.com. Agradezco su creatividad y cuidado, su paciencia y su persistencia al ayudarme a desarrollar, dar forma, editar, publicar y promover mi trabajo. Su experiencia y su apoyo sincero son invaluables. Y gracias, Nigel, por tus esfuerzos sin descanso para promover mi trabajo, conseguir excelentes canales de distribución y vender los derechos de mis libros a las principales casas editoriales extranjeras.

También doy gracias a Carl Hartman, la persona que me dio a conocer el brillante concepto conocido como *espacio seguro* a fines de la década de 1980.

Cuando dos personas son una
en lo más recóndito de su corazón
quiebran hasta la fuerza
del hierro o del bronce.
Y cuando dos personas se comprenden
desde lo más recóndito de su corazón,
sus palabras son suaves y fuertes,
como la fragancia de orquídeas.

CONFUCIO, Fragmento de un poema
escrito hace 2500 años.

Introducción

La ruta del descubrimiento

Hay sólo una alegría en la vida,
amar y ser amado.

George Sand (1804-1876)

Las leyes del amor son principios para amar, probados con éxito, que durante miles de años han aportado esa felicidad de las relaciones plenas que empapa las almas de quienes los han seguido. Aceptar estas leyes simples y actuar de acuerdo con ellas te ayudará a fortalecer tu relación de manera efectiva, y a convertirla en una creación bella y duradera que alimentará tu alma, alegrará tu corazón y transformará tus días tristes en días felices por años. Vivir practicando estas leyes fundamentales de la vida también te ayudará a evitar los riesgos que se presentan en el camino de quienes nunca piensan en las consecuencias de sus palabras o acciones. El camino hacia la creación de una relación maravillosa puede ser, en ocasiones, un reto doloroso, pero al final el esfuerzo siempre será recompensado.

Si actualmente estás en una relación con problemas y estás buscando ayuda, conocer las *Leyes del amor* te dará el poder para salvarla, si es que vale la pena hacerlo. De hecho, puedes tener una relación y no estar muy seguro si vale la pena continuar; si es el caso, las *Leyes del amor* te proporcionará la información que necesitas para determinar si estás con la persona correcta, y te dará la sabiduría y el valor para dejarla si no fuera así.

Tal vez piensas que el desarrollo de una relación depende de la suerte o de las circunstancias cambiantes de la vida; o quizá creas que tu felicidad se basa en lo que tu pareja haga o deje de hacer. La realidad es que la calidad de tu relación depende principalmente de alguien muy específico: tú.

Con esto no pretendo decir que tu pareja no sea parte del problema, o que incluso todo el problema sea por ella; pero si conoces y practicas las *Leyes del amor* podrás sanar a tu pareja y llevar tu relación hacia la luz de la felicidad. Pocas relaciones son exactamente como quisiéramos que fueran; pero con el conocimiento correcto y brindando la atención debida, podemos transformarlas en relaciones fuertes y bellas, donde se experimente gran alegría, se logren grandes acciones y, lo más importante, el amor sea correspondido.

Eso sí, te reitero que esto se aplica sólo a las relaciones que vale la pena conservar. Tu pareja pudo haber sido dañada por la vida, por la manera en que se desarrolló su niñez o por relaciones intensas y tormentosas. Quizá tu pareja no te ama ni quiere amarte, a lo mejor sólo te utiliza por motivos económicos, apoyo emocional u otras razones. Si tras aplicar las *Leyes del amor* descubres que tu pareja está contigo por motivos equivocados, o sufre de daño irreparable, debes seguir adelante con tu vida y encontrar una nueva pareja. Como diría Henry

Higgins, personaje de *Mi bella dama*: "¡Deshazte de lo que no sirva!"

Las buenas relaciones no surgen por casualidad

Tener la relación de tus sueños no sucede por casualidad, o por que así cayeron tus dados, sino porque es el resultado de saber dar los pasos correctos para crear una amistad satisfactoria y perdurable con la pareja. A veces conocemos a una persona que pensamos que es perfecta para nosotros. Pero por nuestros conocimientos erróneos acerca de las relaciones, y por ser el tipo de persona en quien nos hemos convertido con el paso de los años, echamos a perder la oportunidad, y lo que podría haber sido una gran relación con la persona correcta, acaba por encaminarse a otro triste final. En las manos incorrectas ni la mejor oportunidad conduce a algo sólido.

Hace unos veinticinco años, un amigo mío y yo desayunábamos en la mesa de mi cocina cuando dijo: "Tengo la peor suerte cuando se trata de elegir mujeres. Las últimas nueve que fueron mis parejas resultaron ser unas brujas." El comentario me hizo reír, pues reflejaba su inmenso ego.

"No es cierto –le dije–, las últimas nueve mujeres que elegiste eran criaturas dulces, gentiles y cariñosas, y tú las convertiste en brujas."

Molesto, respondió: "¿Con quién crees que estás hablando?"

En verdad se sintió muy ofendido. Se paró y se fue. No supe nada de él durante cuatro años, hasta que un día me llamó desde Hawái, donde estaba viviendo con su esposa y su hijo de un año. Me dijo: "Estoy llamando para agradecerte y contarte que lo que me dijiste en el desayuno esa mañana, sobre cómo estaba arruinando a las mujeres de mi vida, era verdad." Dijo que estaba muy feliz con su esposa y su hijo. Hoy tiene tres niños y sigue felizmente casado.

Mi amigo descubrió lo que tú descubrirás con este libro: el tipo de persona que seas en un momento dado es lo que más determina el estado de tu relación o tu carencia de ella. No sólo eso; tu forma de ser también es responsable de tu actual situación de vida, de tu alegría o tu tristeza, de tus bienes o de tu escasez, y de tu nivel de bienestar.

Información

El mundo de las relaciones profundas, llenas de amor gratificante y reconfortante, es un mundo único que pocos habitan. En este libro descubrirás cómo muy pocos lo han logrado y por qué a ti se te ha escapado. Te volverás consciente (quizá por primera vez en tu vida) de la información que te ha forjado y que está presente en cada minuto de tu vida, guiándote, dirigiéndote, y afectando el desarrollo de tu relación. Esa información te ha guiado, a veces bien y a veces mal, pero siempre de manera inevitable.

Quizá hoy tengas en tu mente ideas acerca de cómo crear una relación, pero lo más probable es que no sepas que las tienes. Se han formado a lo largo de los años mientras experimentabas tus propias relaciones u observabas las de otros. Quizá tus ideas sobre cómo crear una buena relación las heredaste o las aprendiste de algo que leíste, tal vez las escuchaste o las viste en cualquier parte. De forma inevitable tratas de hacer que tu relación actual quepa dentro del marco de esas ideas. Pero esas ideas están basadas, en gran medida, en información incorrecta, ya que si eso no fuera cierto, ya tendrías la relación que buscas.

Mucho de lo que has leído, escuchado y visto en los medios de comunicación, –y que a veces parece representar la relación que anhelas– describe de forma errónea cómo conseguirla o en ocasiones ni siquiera habla de ello. Es como hojear una revista sobre los estilos de vida de ricos y famosos y ver sus yates, aviones, mansiones y nivel de vida opulento, pero sin recibir la mínima información sobre cómo abrir el portal que te lleve a ese mundo de prosperidad.

Sin poseer las llaves del mundo de las relaciones satisfactorias y llenas de amor, estarás merodeando afuera de sus paredes invisibles pero impenetrables. Sólo te asomarás a ese mundo por medio de alguna conversación ocasional con la persona poco común que viva ahí. Lo que de verdad te abrirá las puertas de ese lugar de relaciones magníficas será el hecho de vivir de acuerdo con las sencillas, pero poderosas leyes del amor. Conocer y utilizar esas leyes te proporcionará una nueva *información*.

Esta información está compuesta por nuevas ideas y conceptos que integrarás a tu manera de pensar para lograr una nueva *formación de tu mente* que hará que pienses en ti y en tu relación de una manera diferente y, en consecuencia, que actúes correctamente con tu pareja.

Debes acercarte preparado a esta información para rehacerte a ti mismo. Frente a los ojos, el corazón y la mente de quien amas y deseas que te ame, te convertirás en una nueva persona. Conforme leas este libro, verás cómo puedes emplear las leyes del amor para formar un ritual de conducta, una manera de ser que te brinde a ti y a quienes te rodean paz y armonía. El amor es lo que estás buscando y el amor es lo que sentirás y recibirás cuando vivas en armonía con estas leyes.

Sanar lo que está desequilibrado

He aquí un poco de contexto sobre cómo fue que llegué a entender las leyes del amor. Durante muchos años he estudiado los más antiguos escritos del mundo, en especial la antigua filosofía china. Sus enseñanzas han sobrevivido por miles de años debido a su inmenso valor práctico para la gente, y a que pueden enseñar mucho sobre felicidad, paz y prosperidad, así como a crear relaciones valiosas y duraderas. Mis estudios de estos conceptos datan de más de cuarenta años, a lo largo de los cuales los he puesto en práctica en mi propia vida, además de escribir sobre ellos en otros libros. Estos principios son la clave para sanarse desde los cimientos, que es como debe ser cualquier sanación verdadera. Permíteme darte un ejemplo.

Los conceptos principales que leerás en este libro también son parte importante de lo que enseñamos en los Centros Passages para la cura de adicciones, que mi hijo Pax y yo fundamos. La gente llega de todas partes del mundo a nuestros centros para sanar sus dependencias a las drogas, el alcohol y cualquier comportamiento adictivo. Quienes llegan a nuestra puerta generalmente están en mal estado mental, pues la gente que se levanta en la mañana sintiéndose muy bien y con su vida en orden no dice, "yo creo que hoy iré a Passages". Vienen cuando han tocado fondo, cuando vertiginosamente están perdiendo el control, cuando han tratado incontables veces de dejar su adicción sin tener éxito y cuando su vida se ha vuelto una pesadilla. En nuestro trabajo diario tratamos todo tipo de relaciones en toda clase imaginable de estados; desde relaciones con esposos o novios que brindan apoyo total, amor y cariño, hasta relaciones en las que los esposos acaban de ser echados de sus hogares con una orden judicial que les impide regresar, o que recientemente recibieron una solicitud de divorcio.

En Passages usamos un método refrescante y novedoso que ha revolucionado el tratamiento de la adicción y el alcoholismo. Durante décadas, la Asociación Médica Estadounidense ha declarado que la adicción y el alcoholismo son enfermedades. Los miembros de Alcohólicos Anónimos en todo el mundo creen que esas supuestas enfermedades son incurables, lo cual da pie a ideas como: "Quien es adicto siempre lo será" y "Quien es alcohólico siempre lo será". En Passages, sabemos que el alcoholismo y la adicción no son enfermedades sino síntomas de problemas de fondo que provocan y fortalecen las distintas adicciones. Ni las drogas ni el alcohol son el problema en sí. Nuestros pacientes se entregaban a su uso y mostraban ciertos comportamientos adictivos *para hacer frente* a las cuestiones que eran las verdaderas causas de sus adicciones. En otras palabras, no tratamos el alcoholismo o la adicción de nuestros pacientes. Nosotros vamos más allá de eso: les ayudamos a descubrir y corregir los *problemas de fondo* que los llevan a buscar alivio en sustancias y comportamientos adictivos. El resultado de este enfoque casi siempre es una vida libre de esas adicciones.

Este mismo principio se aplica a las relaciones que se han salido de cauce. La clave para hacer un gran cambio en cualquier situación donde se requiera sanar es concientizarse de que se está poco saludable y un tanto desequilibrado, para luego conseguir la información que ayudará a curar el padecimiento. La manera de sanar tu relación es buscar los problemas de fondo (tanto en ti como en tu pareja) que hayan hecho que la relación se saliera de cauce, y después buscar la orientación que necesitas para sanarte. *Las leyes del amor* te dará esa guía. Entenderás lo que está sucediendo bajo la superficie y aprenderás a corregir lo que está desequilibrado al ajustar la manera en que te tratas a ti mismo y a tu ser amado, y a la manera en que reaccionas ante situaciones que llegan a tu vida y se van.

Cuando tu comportamiento cambia, todos los que te rodean, en especial aquellos con los que tienes una relación estrecha, cambian contigo a consecuencia de tu nuevo comportamiento. Eso sucede porque todos responden *a la manera en la que te comportas en cada momento*. Fácilmente puedes ver que si sueles portarte grosero con tu ser amado; si es así, en poco tiempo entrará en vigor la ley de causa y efecto y tu relación se dañará. Lo opuesto también es cierto: si eres siempre cálido y cariñoso con tu pareja y actúas conforme a las leyes del amor, serás profundamente amado en retribución y tu relación prosperará. Así es como funciona la ley universal.

Primeros pasos

Algunas cosas que leas en este libro sobre cómo crear una relación maravillosa serán lo contrario de lo que has pensado hasta ahora. Incluso te puede molestar percibir que van contra el sentido común. Es algo que debes esperar. Si no fuera así, el libro no te haría mucho bien. En buena medida, lo que harás aquí es dejar de lado todo lo que pensabas acerca de las relaciones, pero que era falso, y reemplazarlo con lo que es cierto. Como decía el filósofo griego Antístenes: "La clave más útil para aprender los usos de la vida es desaprender lo que es falso."

Cuando leas en este libro un concepto que te incomode porque sientes que va contra el sentido común, antes de que te burles y lo deseches por considerarlo poco valioso, pregúntate: "¿Me gustaría que ese concepto fuera cierto?" Y luego pregúntate: "¿Le daré la oportunidad de que *sea* cierto?" No cometas el error de recurrir a lo que crees que es tu mente racional o siquiera a lo que consideras que es tu sentido común, pues ninguno de los dos te han dado la relación que deseas. Lo que piensas que es tu sentido común, en cuanto a relaciones, puede estar basado en algo que por alguna razón crees, pero que no es completamente cierto. En vez de esto, aprovecha la oportunidad para abrir tu mente y tu corazón a un nuevo enfoque.

La meta que estás buscando es grande y vale la pena. Así que antes de seguir adelante, consigue un plumón para resaltar palabras, o una libreta y una pluma para hacer anotaciones mientras vas leyendo. De ese modo podrás volver a tomar el libro y ver lo que te pareció destacable o revisar tus notas para refrescar tu memoria respecto a lo que encontraste más relevante. Asegúrate de seguir este paso que es esencial si deseas integrar estos conceptos a tu vida. Las leyes del amor están interrelacionadas, así que notarás que en varios de los conceptos presentados se relacionan áreas similares, aunque desde ángulos distintos. Esto es intencional y te ayudará a reforzar el cambio necesario en tu punto de vista para lograr los cambios duraderos que deseas.

Uno de los primeros pasos en tu nuevo camino es empezar con una sencilla confesión. No te alarmes, es fácil. Para empezar a crear un cambio, primero debes confesar que algo en la manera en la que te has estado manejando tiene que estar equivocado; si no fuera así, ya tendrías los resultados que deseas.

Para que absorbas la información que vas a leer aquí, primero debes reconocer que lo que sabes hasta ahora respecto a la construcción de una relación maravillosa está, al menos en cierta medida, equivocado y basado en información falsa. No estoy diciendo que *tú* estés equivocado; estoy diciendo que *algunas cosas que crees* acerca de cómo conseguir una relación maravillosa son falsas. Estoy consciente de que ésa es la razón por la que estás leyendo esto, y debes reconocer que todavía no sabes cómo construir una buena relación.

Así que tómate un momento y acepta: "Lo que sé acerca de cómo crear mi relación amorosa perfecta es parcialmente falso y no funciona." Hazlo ahora. Dilo con convicción. No pretendo confrontarte, pero es necesario vaciar tu mente de todas esas ideas antes de poder introducir en ella algo nuevo.

El camino por delante

Ahora prepárate para lo que podría ser el viaje más importante de tu vida. Ya estás en el camino hacia el descubrimiento que te dará la información que necesitas para crear la relación de tus sueños. Más allá de eso, te dará la perspicacia necesaria para cambiar tu mundo por aquel que se parezca más al que te que te gustaría habitar.

Cuando concluya tu tiempo con este libro, si yo hice bien mi trabajo y tú hiciste bien el tuyo, pensarás de manera diferente, actuarás de manera diferente y verás el mundo de manera diferente. Te habrás transformado en una persona más feliz, serás una persona con la que el ser amado estará encantado de convivir o, si todavía estás buscando pareja, una persona que atraerá y retendrá un nuevo amor. También alcanzarás tus metas más fácilmente, cosas buenas fluirán de manera natural hacia ti y la vida te será más sencilla, pues vivirás de acuerdo a las leyes universales. Ahora, pues, veamos las leyes del amor.

Ley I

La ley universal controla todo

A aquellos que se han adaptado al camino,
el camino velozmente les brinda su poder.

LAO TZU (O "VIEJO MAESTRO", NACIDO COMO
LI ERH, SIGLO VI A. C.)

Nuestro mundo está gobernado por leyes universales, tanto físicas como metafísicas (es decir, que van más allá de lo físico). Estas leyes son irrompibles, no están sujetas a cambio. Cada evento, circunstancia, situación, cada manifestación de cada parte de la naturaleza y la vida se desarrollan sólo de acuerdo con las leyes universales. Al aprender a vivir en armonía con esas leyes, descubrirás la fuente de toda salud, riqueza, felicidad y alegría, así como paz profunda, seguridad y satisfacción en tus relaciones. El hecho de que haya leyes que gobiernen las relaciones debe brindarte gran tranquilidad, pues una vez que las conozcas puedes depender de ellas por completo y usar en toda situación para alcanzar tus metas respecto a las relaciones.

Estas leyes rigen el universo desde antes de que nacieras, están en vigor y seguirán en vigor mucho después de que la forma física que ahora tienes se haya transportado, y sigas tu excursión a lo largo del tiempo y del espacio. Las leyes del universo están en funcionamiento a nuestro alrededor y en nosotros mismos. En el vacío, la luz viaja a 186 282.397 millas por segundo, ni más ni menos; ésta es una ley del universo. Puedes confiar en ello.

Isaac Newton, nacido en 1642, formuló la ley de la gravedad mientras estaba sentado bajo un árbol de manzanas y vio a una de ellas caer al piso. La versión resumida de su concepto es que cada objeto del universo ejerce atracción física sobre otros objetos. La fuerza de atracción depende de la masa, el objeto y su distancia respecto de otros objetos. Mientras más pequeña sea la masa del objeto y mayor sea la distancia en relación con otros, menor será la atracción. La manzana atrae a la tierra hacia ella y la tierra atrae a la manzana, gracias a la misma fuerza gravitacional. La razón por la cual la manzana cae hacia la tierra en lugar de que la tierra se eleve hasta la manzana es que la masa de la manzana es muy pequeña en comparación con la de la tierra. Ésta es una ley universal, una ley que ha sido representada por una fórmula científica precisa.

Día tras día, año tras año, la Tierra gira alrededor del Sol a 67 000 millas por hora aproximadamente, y gira sobre su propio eje a un poco más de 1 000 millas por hora. Nuestra Luna viaja a una velocidad de 2 288 millas por hora alrededor de la Tierra trazando una elipse (una figura oblonga) con una circunferencia de 1 423 000 millas. Todo se mueve de acuerdo con leyes universales fijas.

Has descubierto leyes tanto físicas como metafísicas mediante la experimentación. Cuando eras niño, si pensaste que podías caminar a través de un árbol, de seguro te golpeaste la nariz. Si creíste que podías volar y saltaste desde un punto alto, el dolor que sentiste al caer al piso te convenció de lo contrario. Al tratar de romper las leyes de la física, viste lo irrompibles que son y porqué permanecen siempre.

En una forma muy similar aprendiste acerca de las leyes metafísicas. Si trataste mal a tus amigos, los perdiste como amigos. Si mentiste mucho, ya nadie confió en ti. Si fuiste atento, leal y considerado, fuiste querido.

Orden perfecto

Todo lo que sucede, todos los eventos, todas las situaciones y todos los cambios, son el resultado de una ley universal que se está manifestando constantemente. Algunos científicos que creen en el caos no están de acuerdo con esto. Señalan una puesta de Sol y dicen: "Es un ejemplo del caos." Esto significa un estado de absoluta confusión o desorden de los átomos que indicaría que la puesta de Sol ocurre sin orden fijo ni control. Sin embargo, esto es una tontería, ya que, en cada puesta, cada átomo está completamente controlado por leyes universales que están actuando en él, como las leyes de la gravedad y del electromagnetismo.

El caos significa que cualquier cosa puede suceder en cualquier momento sin leyes fijas que gobiernen los sucesos. Sin embargo, "cualquier cosa" *no sucede* donde sí hay leyes. Te doy un ejemplo. De acuerdo con la mejor evidencia científica, el universo ha estado en su condición actual desde hace aproximadamente 13 mil 730 millones de años, con margen de error de unos 120 millones de años. Si el caos fuera parte del plan universal, y cualquier cosa pudiera suceder en cualquier momento, de seguro en los últimos 13 mil 730 millones de años, el universo se hubiera destruido. Pero eso no ha pasado. Sigue y sigue. Por lo tanto, debemos descartar el caos, y pensar que lo que queda es el orden perfecto. Por todos estos datos y muchos más, concluyo, y espero que estés de acuerdo, que somos parte de un universo en el que prevalece el orden perfecto, y que todo sucede sólo de acuerdo con la ley universal.

¿Crees en el caos, en sucesos aleatorios y no controlados, en la idea de que cualquier cosa podría suceder en cualquier momento? Si crees eso, siempre estarás en un estado de temor, sin saber qué va a pasar de un momento a otro. Tal vez tu miedo sea escaso, pero estará siempre presente. Ese temor provoca una falta de seguridad y una sensación de desconfianza.

Aprender acerca de las leyes del amor y confiar en ellas te ayudará a librarte de ese temor. Estas leyes son tan infalibles y tan irrompibles como las que gobiernan la velocidad de la luz y el ritmo variado de la velocidad de los objetos que caen. Si vivimos de acuerdo con las leyes del amor, creamos relaciones bellas y satisfactorias. Si no lo hacemos, somos iguales a las personas que se lastiman al tratar de caminar a través de los árboles o que intentan saltar desde un punto alto para volar. Así como sabes que, por una ley universal, el agua al nivel del mar hierve al alcanzar los cien grados centígrados, al descubrir y trabajar con las leyes del amor sabrás cómo hacer que tu relación llegue a su punto de ebullición. (¡Desde luego, no quieres que siempre esté así, porque a la larga es mejor una ligera cocción a fuego lento!)

La primera ley del amor, que es la ley universal que controla todo, incluso tus relaciones, sienta las bases para las leyes subsecuentes. Mientras lees lo que sigue, recuerda que el camino rumbo a una relación magnífica siempre está frente a ti. Puedes dar el primer paso en cualquier momento y transformar tus circunstancias de manera maravillosa. El camino que lleva a la infelicidad en tus relaciones, el camino que ignora las leyes del amor, también está siempre frente a ti. A cada paso que das, debes elegir entre ambos caminos. El principio de uno siempre es el final de otro. Tu relación está enteramente en tus manos, y todo es posible.

Ley 2

Todo está en un estado de constante cambio

> No puedes entrar dos veces al mismo río,
> pues siempre son nuevas aguas las que fluyen hacia ti.
>
> Heráclito de Éfeso (540 a. C.-480 a. C.)

La ley universal del cambio indica que *todo* en el universo estará en un estado constante de cambio, excepto sus leyes, que siempre permanecen fijas. La vida es como un río: nada vuelve a ser igual, ni siquiera por un instante. En cuanto a tu relación, también está en un estado de cambio constante, siempre mejorando o deteriorándose conforme pasan sus días. Esto significa que debes ser muy cuidadoso para que, cuando ocurran esos cambios inevitables, reacciones de una manera acorde con las leyes del amor y no de una forma elegida al azar. Incluso resulta mejor que seas el arquitecto de los cambios en tu relación: provocar intencionalmente los cambios que crearán la relación que visualizas como óptima. En cualquier caso, al actuar conforme a las leyes universales, siempre obtendrás los mejores resultados en tu relación.

Tu vida está en un estado de continua evolución. Las tradiciones más antiguas y veneradas del mundo nos dicen que esto es parte de un proceso natural de crecimiento, que nos moldearemos dentro del fuego de la vida. Es una ley eterna. Todos debemos pasar a través del fuego, pues ahí es donde ganamos fuerza, mejoramos nuestra resistencia y se nos revelan los secretos de nuestros corazones. El fuego de la vida es la fuerza universal que constantemente nos va dando forma. Como nos dice un antiguo texto chino llamado *I Ching* (o *Libro de los cambios*): "El universo sin fin nos da forma y nos cambia hasta que encontramos nuestra verdadera naturaleza y después nos mantiene a tono con esta gran armonía." El proceso de moldear y alterar que tiene la vida a veces se manifiesta como adversidad y, aparentemente, parece ir en nuestro detrimento cuando en realidad nos está beneficiando. Es decir, una forma en la que el universo te ayuda a crecer y te mantiene en "gran armonía" es presentándote situaciones y eventos que parecen retos.

¿Conoces el viejo dicho que indica que una cadena sólo es tan fuerte como su eslabón más débil? Bueno, pues tú eres tan fuerte como tu área de mayor debilidad lo sea. Los retos y los cambios que encuentras en la vida son entregados directamente a ti por un universo generoso y amoroso con el propósito de volverte más fuerte y sabio. Algunas circunstancias de la vida pueden verse y sentirse como problemas, pero eso es sólo un punto de vista. Una vez que aprendas a mirarlos como si fueran "situaciones de entrenamiento", tomarán un aspecto totalmente nuevo, pues los problemas sólo son eso: situaciones para entrenarte a fin de ganar fuerza y mayor entendimiento.

Una vez que lo hayas entendido, esas circunstancias dejarán de tener utilidad para ti y saldrán de tu vida para jamás regresar... siempre y cuando mantengas conciencia de lo que aprendiste y actúes basado en ello.

Cuando vives de acuerdo con las leyes universales estás a salvo y la vida se desenvuelve de forma hermosa, agradable y feliz. De hecho, así es como puedes determinar si estás siguiendo las leyes universales. En el momento en que actúas en contra de esas leyes, obtienes un resultado desagradable que te mostrará con claridad que te has salido del *camino* o que cierta área de tu vida necesita ser reforzada. Resalto la palabra *camino* para recordarte su importancia: todo en la vida está en este camino de evolución.

Estos principios están actuando en tu relación. Cuando cambian los eventos, las situaciones y la gente, te pueden parecer como obstáculos y penurias en el camino. Por eso debes ver cada uno de estos eventos y situaciones como lo que son, oportunidades fundamentales para crecer y mejorar la creación y el mantenimiento de una relación amorosa.

El ritmo de tu amor

Así como cambiarán situaciones en tu vida y en tu relación, también lo harán tus necesidades individuales y las necesidades de tu pareja. Para que su relación prospere, ambos deben estar conscientes de estos cambios y estar listos para responder de una manera que fortalezca su relación. Puedes ya haber escuchado la siguiente analogía, pero vale la pena repetirla: "una relación es como un jardín." Para crear las condiciones que hagan que tus plantas florezcan y se reproduzcan abundantemente, debes regarlas, fertilizarlas y cuidarlas, así como eliminar las malas hierbas de tu jardín. También debes saber las necesidades especiales de las plantas que estás cuidando. Algunas pueden necesitar más o menos luz que otras, algunas quizá requieran más agua que otras y algunas necesitan fertilizantes especiales.

Para crear una relación maravillosa, duradera, que dé frutos, una relación donde el amor sea el principio rector, debes crear condiciones favorables para que la relación pueda prosperar y perdurar. Para hacer eso, debes conocer las necesidades especiales de tu pareja. Cada uno de nosotros es diferente y tiene distintas necesidades. Además, nuestras necesidades pueden cambiar conforme avanza nuestra relación. Cuando te comprometes a tener una relación perdurable con alguien, no sólo debes preocuparte porque se cumplan *tus* necesidades, también debes esforzarte por cuidar a tu ser amado y estar consciente de sus necesidades cambiantes para adaptarte a ellas.

No es suficiente decir que tratarás a tu pareja en la misma forma en que te gustaría que te trataran. Tu pareja puede requerir más atención de la que tú necesitas. Para alimentar una relación, es fundamental descubrir cuáles son las necesidades de tu ser amado y satisfacerlas. Este proceso no sólo se debe hacer en una ocasión, debe repetirse una y otra vez. Es parte del ritmo del amor compartido. Como dijo Confucio: "Deben cambiar frecuentemente quienes deseen ser constantes en felicidad o sabiduría."

Un punto clave para trabajar con la ley del cambio en tu relación es la flexibilidad. Mantenerte inflexible cuando todo lo demás está cambiando es una invitación al desastre. Para el éxito de tu relación, es importante establecer un camino fijo y tener un carácter suficientemente estable como para no titubear ante cada discusión o disturbio. Sin embargo, igualmente esencial es estar consciente de las condiciones cambiantes y mantenerse abiertos y flexibles para adaptarse a los cambios.

"Mantener la rigidez conduce al fracaso. Mantenerse flexible lleva al éxito." El siguiente dicho, que muchas veces se atribuye incorrectamente a Darwin, transmite lo mismo de otra manera: "No es el más fuerte de la especie ni el más inteligente el que sobrevive, sino el que responde mejor al cambio." Desde luego, hay cambios que pueden ocurrir dentro de una relación que no son aceptables, como el engaño, el abuso físico, el uso de alcohol o drogas y otros comportamientos adictivos. Si estos hábitos se toleran, es casi seguro que pronto llegue el desastre. Más adelante hablaré de lo que llamo "cuestiones que rompen el trato", situaciones por las que debes finalizar una relación y seguir adelante con tu vida.

La meta de la resistencia

Cuando tomas tu relación con seriedad, la conservación de la relación, el amor y el apoyo vital que comparten siempre será más importante que los cambios, disturbios y desacuerdos que inevitablemente ocurrirán. Lo que permite que una pareja sobreviva a las dificultades, fallas, éxitos y cambios, es la valiosa cualidad de la resistencia. Retomaremos esto con más detalle después, por ahora sólo te doy algunos ejemplos para adentrarte en este concepto clave.

Digamos que recibes una excelente oferta de trabajo que exigirá que estés lejos de tu ser amado por varios meses. La oferta es excepcional, te promete una sustanciosa cantidad de dinero, grandes prestaciones y mucho prestigio para ti. Tu pareja se opone a que tomes el trabajo, pues los separará y dificultará la relación. ¿Qué haces?

La respuesta es absolutamente clara: no tomas el empleo, lo dejas de buena gana, con gusto, con alegría en tu corazón, pues sabes que has elegido al amor como tu estrella polar. La estrella polar es una luz infalible que te guía, en la que puedes confiar para que te lleve por el camino correcto. Lo principal es que debes elegir, dar más importancia a la relación que a la oportunidad laboral. Si deseas que tu relación perdure, fija tu mente en una meta que perdure. Enfócate en la continuación de tu relación.

¿Qué pasa si tu pareja quiere que ambos se unan a un grupo de caminata los fines de semana en vez de pasar tiempo con el mismo grupo de amigos que han estado viendo desde hace años? ¿Qué tal que tu pareja realmente insiste en ello? ¿Te enojarás ? ¿Te negarás tajantemente a hacerlo, o estarás de acuerdo en cambiar tu opinión y tu pasatiempo de fin de semana para probar algo nuevo? ¿Te darás, y le darás a tu pareja, la libertad de crecer y experimentar, o pondrás en riesgo tu relación? Una vez más, el punto central de la elección es dar mayor importancia a la relación que resistirte a unirte a un grupo de caminata.

Lo mismo aplica a las discusiones. Si dejas que los desacuerdos y las discusiones crezcan, haces que el punto por el que discuten se vuelva más importante que su relación. La cuestión por la que discuten se tornará más importante que la relación sólo si ustedes dejan que así pase. Aquí está la regla: no permitas que lo que tu pareja haga o diga se vuelva más importante que tu pareja misma.

Pasos a seguir para la Ley 2

EL PODER DE LA FLEXIBILIDAD Y LA ADAPTABILIDAD

> Sé siempre suave y moldeable como un junco,
> no duro e inflexible como un cedro.
>
> Talmud (200 a 500 d. C.)

De aquí en adelante, tras cada capítulo del libro, encontrarás preguntas que te invitarán a la reflexión, así como ideas de pasos que puedes tomar para crear tu relación ideal. Para reflexionar sobre la ley del cambio y el poder de la flexibilidad y la adaptabilidad, lee las siguientes preguntas y respóndelas con honestidad.

- ¿Qué tan flexible soy respecto de las necesidades y los deseos de mi pareja?
- ¿Siempre exijo que las cosas se hagan como yo quiero en nuestra relación?
- ¿Cuál sería un ejemplo de una vez en la que no me adapté bien a un cambio dentro de una relación? ¿Cuál fue el resultado?

- ¿Cuál sería un ejemplo de una vez en la que me adapté bien a un cambio dentro de mi relación? ¿Cómo lo hice y cuál fue el resultado?
- ¿Qué cambios están sucediendo en mi relación en este momento?
- ¿Qué pasos específicos puedo tomar para ser flexible y adaptarme a estos cambios a fin de conservar mi relación o mejorarla?
- Si estoy buscando pareja, ¿me prometo ser adaptable una vez que encuentre lo que deseo?

Ley 3

Tu filosofía determina la calidad de tu relación

Al hombre lo hacen sus creencias.
Lo que cree, es.

Bhagavad Gita (500 a. C.)

Todos tenemos una filosofía personal. La tuya es lo que consideras verdadero respecto al mundo y a su funcionamiento. Tu filosofía te hace responder de cierta manera a los eventos y eso, a su vez, determina cómo te afectan y cómo tú los afectas a ellos. Puedes no estar consciente del poder que tiene tu filosofía para dar forma a tu vida, ni de la manera en que guía tus acciones o ha dado pie a las elecciones que has hecho en tu vida, pero tu filosofía personal está influyendo sobre tu vida todos los días, todo el día. Si cambias tu filosofía, tu vida cambiará, tu relación cambiará y todo lo que te rodea cambiará.

A lo largo del tiempo, has sido transformado en la persona que eres por tus padres, maestros, amigos, medios de comunicación, libros que has leído, películas que has visto y experiencias personales. Tu percepción del mundo y la manera en que te visualizas dentro de él han creado, dentro de tu mente, ciertos conceptos que, juntos, componen tu filosofía, la cual ha sido creada, en buena medida, sin que estuvieras consciente de ello.

La filosofía que has desarrollado a lo largo de los años, desde tu nacimiento, es la principal responsable de cómo es tu vida hoy. Es la responsable de quién eres y de lo que tienes. Actuar con base en tu filosofía también es la causa del estado de tu actual relación o de tu falta de ella. Para simplificar, las opiniones que te has formado acerca de cómo tener una relación magnífica son las que hoy están guiando tus acciones y reacciones.

En suma, tú eres quien está creando los aspectos buenos y malos de tu relación y tu vida por medio de tus elecciones, las cuales se basan en lo que crees, en tu filosofía. Como dijo Eleonor Roosevelt: "La filosofía de uno mismo no se expresa de la mejor manera con palabras; se expresa con las elecciones que uno hace... A la larga, moldeamos nuestra vida y nos moldeamos a nosotros mismos."

Lo que crees

El viejo dicho, "Mientras más hagas lo que has hecho, más obtendrás de lo que tienes", es muy cierto. Si quien eres y lo que tienes en tus relaciones es lo que quieres, perfecto, sigue haciendo lo mismo y obtendrás más de lo que te gusta. Sin embargo, si lo que eres o lo que tienes es distinto o no te satisface, tendrás que hacer algunos cambios básicos. No puedes producir resultados diferentes a los que actualmente estás experimentando sin cambiar lo que has estado haciendo.

Para lograr resultados distintos, tendrás que cambiar algo en tu manera de pensar y reinventar la manera en la que ves tu mundo. Digo "tu mundo", porque cada uno de nosotros vive en diferente mundo. Por supuesto que todos vivimos en el planeta Tierra, todos tenemos nuestros altibajos y todos necesitamos alimentos, ropa y vivienda, pero tu niñez fue diferente a la de los demás, como tus padres son únicos en sí. Tus experiencias fueron diferentes, tus conflictos fueron diferentes, tu historial de salud fue diferente, tus vivencias escolares fueron diferentes, tus retos fueron diferentes, las lecciones de la vida que aprendiste fueron diferentes, tus pensamientos fueron diferentes y tus conclusiones fueron diferentes.

Como resultado, tu filosofía, tus creencias respecto a cómo funciona el mundo, es distinta. Aunque las diferencias sean pequeñas, hacen una *gran* diferencia. Eso significa que lo que para otra persona es cierto puede no serlo para ti. Las leyes del amor sirven para todos, pero debes aplicarlas de acuerdo a tus propias circunstancias. Los cambios que necesitas hacer para reinventar tu mundo serán cuestiones específicas para ti.

He aquí algunos ejemplos de creencias que componen una filosofía (algunos de ellos pueden ser parte de tu propia filosofía, de lo que crees que es real): "Hay que comer o ser comido", "En todas las vidas hay algo de infelicidad", "Cosas malas le pasan a gente buena", "La felicidad duradera realmente no existe". O quizá creas que "las cosas en mi vida siempre me salen bien", o "No hay mal que por bien no venga", o tal vez "Yo trazo el curso de mi vida".

¿Y qué hay de tu relación? Como dije, tu filosofía personal también dicta lo que crees acerca de las relaciones.

Determina qué piensas acerca de su naturaleza y cómo puedes crear excelentes relaciones; incluso si crees o no, que eso puede ser posible. Tu filosofía personal, además, determina lo que crees merecer dentro de una relación. A su vez, cada una de tus ideas y creencias es lo que le da forma a tus relaciones.

Puedes, por ejemplo, tener alguna de estas creencias: "Generalmente no puedes confiar en la gente", "Tienes que aceptar lo malo que acompaña lo bueno", "Realmente no me merezco la relación perfecta", "Mi felicidad dependerá de la persona con quien me case", "Tienes que correr con mucha suerte para tener una excelente relación", "No soy una persona suertuda". O quizá tus creencias sean más bien como: "Estoy seguro de que cosas buenas llegarán a mí", "Siempre veo lo bueno de la gente", "Sin importar qué tan mala sea una situación, puedo transformarla en algo bueno", "Cada final es un nuevo comienzo, una nueva oportunidad", "La manera en que me comporto y reacciono determina la calidad de mis relaciones", "Soy buena persona y merezco ser amado".

Los patrones que nos inculcan

Mi filosofía personal también fue formada por mis experiencias tempranas. He relatado la historia acerca de mi madre en otros libros; sin embargo, considero importante incluir esta parte aquí, para demostrarte que lo aprendido de las personas clave en nuestra vida influye definitivamente en nuestras relaciones. Mi historia es algo dramática, y por supuesto que todos aprendemos patrones y creencias de aquellos que nos criaron, aunque muchas veces ni siquiera estamos conscientes de ello.

Mi madre, Bea, era una mujer descontrolada que había aprendido a subsistir con su ingenio. (Nunca se me permitió llamarla mami o mamá, sólo Bea.) Cuando yo tenía tres años y medio, una de las primeras lecciones que me dio y que influyó sobre mí durante los siguientes veinte años fue: "Nunca digas la verdad, sólo los tontos dicen la verdad", y "Nunca digas la verdad si una buena mentira basta".

También solía decirme: "Un buen mentiroso necesita tener buena memoria." Así que para mejorar mi memoria repasé incontables poemas largos. En una ocasión me aconsejó que aunque me atraparan en una mentira, nunca lo aceptara. Me contaba historias de gente que había sido acusada de mentir y que jamás lo había aceptado, por lo que tras un tiempo de estar escuchando la negación, la gente que había sido engañada ya no estaba cien por ciento segura de que le hubieran mentido.

Bea nació en la ciudad de Nueva York en 1900. Su padre trabajaba en un muelle y su madre era ama de casa. Eran muy pobres. Bea tenía dos hermanas y un hermano. Cuando Bea tenía quince años, la violó un hombre mayor y resultó embarazada. El hombre se vio obligado a casarse con ella. Ambos se odiaban y Bea decía que a él le encantaba atormentarla. Ella trabajaba cosiendo botones de camisas, con lo cual ganaba cincuenta centavos al día. Soñaba con el día en que pudiera huir de su matrimonio. Cuando finalmente lo consiguió, tres años después, era tan fuerte y dura como un diamante e incapaz de perdonar. Jamás olvidaba una mala obra y esperaba pacientemente para vengarse de quien le hubiera hecho algo malo. La vi esperar veinticuatro años para vengarse de alguien, y cuando lo hizo estuvo feliz durante meses. En cuanto al hombre que la violó, ella le provocó pesares infinitos hasta el día en que murió.

En la alocada década de 1920, Bea tenía veintitantos años. Era pobre y había aprendido a vivir de su ingenio en una zona salvaje y sin ley de Nueva York. Se dedicó a una vida de crimen. Cuando apenas tenía veintiún años ya estaba al frente de una red de ladrones de autos en Nueva Jersey y tenía una pandilla de estafadores trabajando para ella en Nueva York. La prohibición de alcohol inició en 1920, por lo que Bea inmediatamente tomó acción. Ella distribuía whiskey a bares clandestinos, a miles de clubes ilegales que operaban en York. Tuvo éxito al vivir fuera de la ley y cuando yo nací, estaba decidida a que yo también fuera exitoso en su ámbito de "trabajo".

Cuando yo tenía cuatro años Bea ya me había enseñado a robar en las tiendas y celebraba con calidez mis pequeños logros. En realidad ella no necesitaba robarle a las tiendas, pero le encantaba hacerlo. Al ser madre soltera había enfrentado situaciones difíciles, y me enseñó a sobrevivir con cualquier medio posible. Yo aprendí bien. Me dijo que nunca confiara en nadie, especialmente en las mujeres, quienes sólo veían qué me podían sacar. Mi carrera en los negocios se inició con mentiras, engaños y fraude. Nadie con quien hacía negocios estaba a salvo. Llegué a estafar a mis amigos. Me divertí en grande y junté bastante dinero. En las noches, Bea y yo nos sentábamos a platicar de los engaños y estafas que habíamos hecho, y nos reíamos de nuestras trampas.

Tú creas tu futuro a cada instante

Puedes imaginarte cómo fueron mis relaciones en la época en que estaba recibiendo influencia de Bea. Siempre les mentía a mis novias respecto a mis actividades deshonestas. Les mentía incluso sobre cuestiones triviales, y las engañaba sin preocuparme en absoluto. De hecho me encantaba hacerlo, pues no era consciente de que estaba destruyendo mis oportunidades de tener una relación de amor y confianza. Incluso mantenía varias relaciones a la vez, y ninguna de mis parejas sabía de la existencia de las otras. Me casé a los veintiún años, pero la relación tenía cero posibilidades de prosperar, debido a mis múltiples deficiencias de carácter. Cuando mi esposa dio a luz a nuestro hijo, yo estaba en un club nocturno con dos mujeres. El matrimonio acabó aproximadamente un año después, cuando mi esposa me encontró saliendo de un restaurante en compañía de una de mis novias.

Lo que al final me salvó de una vida de crimen y engaño fue mi apetito por la lectura. Leía a diario, principalmente ficción. Por medio de esos libros empecé a vislumbrar un estilo de vida diferente. Leí acerca de valentía, de valores e integridad en la vida de los héroes, y me sentí poderosamente atraído hacia esa manera de vivir.

Un día, a mis veintitrés años, me senté a la mesa de la cocina y mentalmente repasé el desastre que había sido mi vida. Sí, había obtenido algo de dinero, tenía una oficina de bienes raíces en mi propio edificio, había construido casas, creado parcelas de tierra y vendido terrenos, pero no había podido retener nada de eso. No tenía amigos verdaderos, mi reputación era terrible y todo el mundo me temía por ser tan mentiroso. Había sido un fracaso como esposo, padre, amigo y empresario; y también como ser humano, pues había lastimado a mucha gente.

En ese momento me di cuenta de que Bea, esa madre generosa, protectora, de corazón cálido y amante de la diversión, a quien quería y quien me quería, me había programado en una dirección totalmente equivocada. Si seguía el curso que ella había trazado para mí, de seguro acabaría en prisión, sin amigos, solo y sin una relación amorosa. Me sentí abrumado por el remordimiento, así que tomé la decisión de descubrir el camino hacia el verdadero éxito, la verdadera felicidad, el verdadero amor, la verdadera paz interna y la prosperidad duradera.

Durante varios años traté de darle un giro a mi vida en Nueva Jersey, donde vivía, pero la influencia de Bea era demasiado fuerte. Así que en 1965, a los veintinueve años, manejé hasta California decidido a convertirme en el hombre íntegro que soñaba ser. Cuando le conté a Bea mi plan de cambiar mi vida licenciosa por una de honra e integridad, su comentario fue: "¡Qué tonto!" Ella sólo sentía desdén por ese estilo de vida.

Así que desde 1965 he estado buscando por el mundo la sabiduría que ha sostenido a la gente y le ha dado gran poder, amor verdadero, prosperidad abundante y felicidad duradera. Mi búsqueda me llevó hasta otros países y culturas. Empecé a leer algunos de los escritos más antiguos del mundo que han pasado de generación en generación durante miles de años hasta el presente. Un libro de China con cinco mil años de antigüedad, el *I Ching*, me resultó particularmente de inmenso valor. En los escritos de ese libro, descubrí una ruta clara que lleva hacia los regalos maravillosos que yo buscaba. También aprendí acerca de las leyes del universo y de las leyes del amor.

Una de las lecciones más importantes que aprendí en esos años es que yo participo en la creación de mi futuro, minuto a minuto, conforme respondo a los sucesos en mi vida. Al ser de la manera en que eres a cada instante, al vivir tu vida de acuerdo a tu filosofía personal, has llegado a este punto en tu vida. Cambia tu filosofía y cambiará todo. En esencia, nuestros pensamientos producen nuestras acciones, las cuales, de acuerdo con la ley universal, producen efectos. Los efectos se convierten, para nosotros, en el futuro.

¿Cuáles son tus expectativas?

Tus expectativas e intenciones son una parte poderosa de tu filosofía. Creas tu mundo por medio de tus expectativas. Funciona de esta manera: al pensar que el mundo es un lugar egoísta, encuentras egoísmo. El egoísmo es lo que esperas, lo que buscas y, en consecuencia, lo que encuentras. Ya que lo hallaste, y al ver confirmadas tus creencias, te dices a ti mismo: "¡Lo sabía!" Si piensas que el mundo es un lugar generoso, encuentras generosidad. Si te crees competente, sales con la intención de alcanzar metas. Si te consideras incapaz, ni siquiera empiezas y, por lo tanto, rara vez alcanzas tus objetivos.

Cuando crees que eres un fracasado o que hay problemas sin solución en tu relación o en tu vida, piensas en fracaso, actúas de acuerdo con el fracaso y produces fracaso. "A cada instante creamos nuestro futuro", nos dice la antigua sabiduría china. "Al usar tu imaginación, siembras las semillas de tu éxito o las semillas de tu fracaso."

La gente que voluntariamente ha puesto fin a su vida lo hizo sólo por una razón: no tenía esperanza y usó su imaginación para vislumbrar un futuro sombrío sin fin. Otras personas en las mismas condiciones y circunstancias usaron su imaginación para pensar en esperanza. Vieron la posibilidad de un futuro brillante, feliz y próspero, y sobrevivieron gracias al futuro que imaginaron.

¿Cuáles son tus expectativas respecto a tu relación? ¿Crees que puedes tener una relación auténticamente amorosa y satisfactoria? Si las relaciones que viste y experimentaste al crecer te hicieron creer que las relaciones buenas no son posibles, pon en tela de juicio esa creencia. Ábrete a la posibilidad de que esto puede ser distinto para ti. Eso no es sólo una posibilidad, es la verdad. Eres mucho más poderoso de lo que crees y todo lo que puedes imaginar está a tu alcance.

Pasos a seguir para la Ley 3

EL PODER DE TUS PENSAMIENTOS Y EXPECTATIVAS

> Lo que sea que la mente pueda concebir y creer, la mente puede lograr... tus únicas limitantes son las que estableces en tu propia mente o las que permites que otros te impongan.
>
> NAPOLEON HILL (1883-1970)

Si no tienes la relación maravillosa que deseas, o si no estás feliz la mayoría del tiempo, entonces debes cambiar tu filosofía personal. Tómate un momento ahora y piensa en lo que aprendiste acerca de las relaciones cuando estabas creciendo y cómo fue que eso ayudó a moldear tu filosofía personal. Por favor responde con honestidad las siguientes preguntas.

- ¿Qué clase de relación tenían mis padres o las personas importantes en mi vida?
- ¿Cómo interactuaban dentro de sus relaciones?
- ¿Qué me enseñaron sobre las relaciones sus interacciones y creencias?
- ¿Qué creencias tengo ahora respecto a las relaciones?

- ¿Creo que tener una relación plena y satisfactoria es una posibilidad para mí?
- ¿Creo que merezco una relación maravillosa?

Sin importar cuáles sean tus respuestas a las preguntas de arriba, al seguir las leyes del amor puedes obtener la relación de tus sueños. Un paso que puedes tomar ahora mismo para modificar tus creencias sobre las relaciones es empezar a confiar en que *sí* es posible crear la relación que quieres, sin importar la clase de relaciones que hayas tenido o que hayan tenido tus padres. Si supieras que estabas creando el mundo por medio de tus pensamientos, creencias y expectativas, ¿no crearías pensamientos, creencias y expectativas que te llevaran a cumplir tus más preciados deseos?

¿Alguna vez te has puesto a pensar cómo se hacen las cosas? Esto incluye todo lo que se ha creado. Los pasos comienzan con alguien que imagina el objeto a realizar. Esa persona puede haber dibujado el objeto, y quizá después desarrolló un prototipo, para luego crear el objeto en sí. En cada caso, todo empezó con alguien que se imaginó el objeto a realizar. Así es como creamos las cosas, y eso incluye las relaciones.

Es momento de que recuerdes tus sueños sin cumplir de la relación que quieres y que los tengas con claridad en la mente. Con sólo pensar en ellos, ya has empezado a traerlos al plano de lo físico. Desde luego, se necesitará más que esto para hacer realidad esos sueños. Leerás más sobre el tema al llegar a la Ley 7, pero imaginar lo que quieres es el punto de partida.

- Busca un lugar cómodo y siéntate en silencio por cinco minutos.
- Cierra los ojos e imagina cómo quieres que se vea, se sienta y sea tu relación. Dentro de esa relación perfecta, ¿cómo tratarás a tu ser amado y cómo te tratará? ¿Qué clase de persona quieres tener en tu vida? ¿Qué tipo de cualidades vas a desarrollar *tú* para atraer a esa clase de persona?
- Haz esto cada día durante diez días. Puedes continuar más allá de diez días si lo deseas y dedicarle más de cinco minutos al día.
- Anota tus respuestas a las preguntas de arriba y mira lo que has escrito cada día. Puedes hacer cambios a tus respuestas si quieres.

Tú estás a cargo de tu imaginación. Al usarla para imaginar una relación maravillosa, un futuro brillante, y actuar con base en esto, indudablemente sucederá.

Ley 4

Las relaciones sólo prosperan en un espacio seguro

> Encontramos descanso en aquellos que amamos,
> y proporcionamos un lugar de descanso
> dentro de nosotros a aquellos que nos aman.
>
> BERNARDO DE CLARAVAL (1090-1153)

Tu relación florece, se marchita, vive o muere dependiendo de su entorno. Si tu relación vive en un ambiente duro, o si el sarcasmo, la degradación y el enojo están presentes, y escasean el perdón, la consideración y el amor, tu relación se marchitará y morirá dolorosamente. Se morirá como se muere un jardín sin agua, sin nutrientes, sin luz. En cambio, tu generosidad, comprensión, buena voluntad, actitud de apoyo, delicadeza y conocimiento de las leyes del amor serán los nutrientes y lazos de una relación fuerte, entrañable y perdurable, que crearán el entorno para una relación exitosa: un espacio seguro.

Lo principal de las leyes del amor en cuanto al espacio seguro es que ante tus ojos tu pareja jamás comete un error ni hace algo malo. Ésta es la máxima condicionante del espacio seguro, y no significa que tu pareja no cometerá errores, que no estará en desacuerdo nunca o que no hará cosas que te duelan a ti o a alguien que te importa. Significa que verás todas sus acciones como si ningún mal se hubiera hecho, como si todas estuvieran bien para ti.

No serás agresivo, no lastimarás, no serás sarcástico o degradante y, sobre todo, ni siquiera sentirás algo de desagrado por lo que pasó. Al responder, tendrás en mente que estás hablando con alguien que deseas que te ame por completo, con calidez y sinceridad. Estás hablando con quien deseas compartir el resto de tu vida. Si pudieras elegir la forma en que tu pareja te tratara, ¿no quisieras que fuera con delicadeza, cariño, ternura y total comprensión sin importar lo que hicieras?

El grado en el que proporciones un espacio seguro para tu ser amado será el mismo en el que tu relación florecerá y encontrarás el amor que buscas en los ojos y el corazón de quien amas. Por el contrario, en el grado que no proporciones ese espacio seguro, tu relación aminorará, se oxidará y morirá. Si no ofreces a tu pareja el refugio del espacio seguro, puedes infundir temor a la posibilidad de cometer errores, lo cual con certeza hará que se den esos errores. Si deseas existir en ese mundo especial de relaciones paradisiacas, donde pocos han entrado y pocos se han mantenido, debes adoptar por completo el concepto del espacio seguro.

Cuando vives de acuerdo con la ley de que las relaciones sólo prosperan en un espacio seguro, no te sientes molesto o enojado con tu pareja debido a eventos provocados por ella que te han lastimado, pues sabes que debes comprenderla. De hecho, debes comprenderla por completo si es que quieres ser amado. Crear un espacio seguro requiere que te conviertas en la clase de persona que mira con absoluta ecuanimidad las fallas de su ser querido; que ve sus errores, omisiones o fallas aparentes, e incluso las transgresiones o daños cometidos intencionalmente sin dejar de sentir que todo está bien.

Haz que tu amor se sienta

En este punto, lo más probable es que surja en tu mente una gama de ejemplos de tus relaciones pasadas o presentes, a los que puedes señalar y decir: "Bueno, ¿qué tal esta cosa o la otra? ¿Se supone que debo pasar por alto esto? Ni modo que diga: «Está bien, mi amor, no hay problema si me sigues mintiendo.» O «No te preocupes por dejar de pagar las cuentas mes con mes y arruinar nuestro historial de crédito, cariño. Comprendo bien que estabas con amigos y te quiero igual.»"

Mentir no está bien. Arruinar tu historial crediticio no está bien. Manejar sin precaución no está bien. Ser irrespetuoso o grosero contigo no está bien. Ser negligente con cosas importantes no está bien. La cooperación no es un sentimiento, es una necesidad económica. Si esas transgresiones y cosas similares continúan, a pesar de que haces tu mejor esfuerzo por ayudar a tu pareja a corregirlas, entran en el rubro de "cuestiones que rompen el trato".

Antes de que los ejemplos de arriba se conviertan en "cuestiones que rompan el trato" y resulten intolerables, es esencial crear un espacio seguro para tu pareja, a fin de que no parezcas insensible o difícil, o le hagas pensar que no la quieres. La manera en que tratas a tu pareja en esas situaciones determinará el grado de amor y respeto que recibirás de su parte.

Todos los eventos que ocurren son parte de la perfección del universo que se desarrolla, son parte de tu proceso de crecimiento. Al actuar de acuerdo con esta verdad y ceñirte firmemente a lo que acabas de leer respecto al espacio seguro, tu pareja te admirará, te amará, se pegará a ti y te estará por siempre agradecida por ser la persona cariñosa, compasiva y comprensiva con la que siempre ha soñado y a la que siempre ha anhelado, consciente o inconscientemente. Tu ser amado hablará de ti y pensará en ti de la manera más afectuosa posible. Te habrás ganado su amor.

Proporcionar un espacio seguro a otra persona podría considerarse, desde otro punto de vista, un acto de completo egoísmo. Lo que buscas es ser totalmente amado por el ser que amas. Eres, de hecho, quien se beneficia directamente de tu creación de un espacio seguro. Primero, tienes la oportunidad de experimentar y vivir con la alegría y el amor de alguien libre, de crecer y expandirse en el espacio seguro que has creado. Segundo, te toca experimentar lo que es vivir con alguien que no tiene miedo de equivocarse. Esto permite que tú y tu pareja sean libres de experimentar situaciones diversas conforme se mueven por la vida y eliminan el factor miedo de la relación. Tercero, como tu pareja ha experimentado lo que es vivir con una persona generosa y compasiva, a su vez ella querrá proporcionarte el espacio seguro que le brindaste. Como dice Lyn, mi esposa: "Estar en pareja te permite amarte y amar la vida a través de otro."

En la medida en que hayas creado un espacio seguro, tu pareja te tendrá total confianza, te *conocerá*, sabrá que estás enamorado de ella y que responderás de forma amorosa ante cualquier acción que tome, incluso ante acciones que al mundo le pueden parecer errores, fallas de juicio o incluso transgresiones intencionales.

Elimina el factor miedo de tu relación

He aquí un ejemplo de cómo el espacio seguro se manifiesta dentro de un ambiente perfecto para la relación. Digamos que tu esposo toma tu nuevo auto para hacer algún pendiente y lo choca. Cuando te has comprometido a crear un espacio seguro en tu relación, tu respuesta será: "El hecho de que tú estés a salvo es lo único que me importa. Espero que no estés alterado por esto. Quiero que sepas que te amo y que eres mi tesoro. Me preocupaba tanto dañar nuestro auto nuevo, pero ahora me doy cuenta de que lo único importante es que estés a salvo. Los coches se pueden reponer, ¡tú no!"

¿Cómo crees que respondería tu esposo ante esto? Sé cómo respondería yo. Sentiría una oleada de amor y gratitud por estar ante la presencia de alguien que de verdad me ama, a quien le importo más que el coche chocado, cuya principal preocupación es mi bienestar. ¿No sentirías tú lo mismo?

He aquí otro ejemplo de cómo crear un espacio seguro en tu relación. Digamos que llegas al aeropuerto con tu pareja y descubren que no lleva su pasaporte. Tu respuesta: "No hay problema, amor. Es obvio que por alguna razón no debíamos tomar ese vuelo. Como no podremos volar sino hasta mañana, hagamos una celebración especial hoy para aprovechar este beneficio inesperado. De hecho, me alegra que hayamos perdido el vuelo. Seguro fue por algo bueno. ¿Sabes? Quizá se me había olvidado cerrar la puerta trasera. Esto me dará oportunidad de revisarla." Luego, durante el resto del día, ubica razones por las que fue favorable haber perdido el vuelo. Di frases como: "Necesitaría haber pasado algo mil veces más grave para que yo llegara a enojarme contigo. Eres una pareja tan perfecta para mí que jamás quiero que te sientas mal, ni siquiera tantito, por algo que hayas hecho." "¿Sabes?, si no hubiéramos perdido el vuelo, quizá nunca habríamos descubierto este magnífico restaurante." "Si nos hubiéramos subido a ese vuelo, no habríamos recibido esa llamada importante del trabajo."

El espacio seguro elimina el temor por parte de tu ser amado. Todos sabemos lo que se siente saber que nos van a regañar o castigar por algo que hicimos mal. Estos sentimientos deben estar ausentes en tu relación. Estar de acuerdo con todo lo que tu pareja haga eliminará la mayoría de las causas de fricción en la relación. En realidad, no hay nada que sirva tan bien como el espacio seguro para crear y mantener una relación maravillosa, amorosa y libre de estrés.

Y no te olvides de ti mismo. Recuerda crear un espacio seguro para ti también. No estés atormentándote sin razón por cosas que has hecho y de las que te arrepientes. Sé paciente contigo mismo. Date el derecho de ser feliz contigo y tus acciones. Muchas vidas han sido arruinadas a largo plazo por sentimientos de culpabilidad, arrepentimiento por oportunidades perdidas, y todo ese mundo de "podría o debería haber hecho tal o cual cosa".

Para realmente ver, mira con tu corazón

Probablemente, la comunicación es el aspecto más importante que se requiere para crear una relación perdurable. Para poder comunicarte de manera eficaz, necesitas crear las condiciones para que esto se dé libremente: una atmósfera segura para que tú y tu pareja compartan sus ideas, pensamientos y preocupaciones. Dentro de esta atmósfera, ambos pueden hablar abiertamente sin temor de despertar enojo, críticas o represalias.

Por ejemplo, si tu pareja te dice algo en confianza y una semana después lo usas en su contra, es probable que hayas destruido la atmósfera segura en la que los secretos se pueden compartir, y la comunicación abierta se volverá difícil, por no decir imposible. De la misma forma, si tu pareja te dice algo personal y te enojas o criticas, posiblemente has destruido la atmósfera segura dentro de la cual ambos puedan intercambiar esta clase de secretos.

La manera en que reaccionas con tu pareja durante sus comunicaciones se basa en la forma como escuchas y como ves, dos cosas que son subjetivas. Una cosa es ver con tus ojos, pero para mirar de verdad, tienes que hacerlo con el corazón. Cuando ves con tus ojos, en realidad no ves objetos. Ves los rayos de luz que rebotan de los objetos. Los rayos de luz que entran en tu ojo estimulan los conos y las varas en tu retina y, a su vez, crean impulsos eléctricos que viajan por el sistema del nervio óptico hacia el cerebro. Tu cerebro recibe esos impulsos y forma una imagen que luego tú interpretas. En esa interpretación interviene el uso de tu corazón.

Interpretar lo que ves al mirar con tu corazón es lo que te permite sentir compasión ante el dolor de tu pareja, alegría ante su felicidad o preocupación por sus necesidades. Al ver y escuchar con tu corazón aprendes a perdonar, a hacer concesiones para ti mismo y para tu pareja, a dejar de juzgar y a abstenerte de sacar conclusiones que pudieran ser erróneas. Al ver y escuchar con tu corazón aprendes a amar como se debe, con un corazón lleno de bondad y amor.

Al comunicarnos, las palabras no pueden expresar nuestros pensamientos por completo. Diez personas pueden describir un caballo, pero eso no nos dice con exactitud qué es un caballo. Los sentimientos son especialmente difíciles de transmitir con palabras. Cuando dices "te quiero", puede significar algo distinto para cada uno de nosotros. Pero si eres sincero y hablas desde el corazón, sin alguna intención oculta, tienes mayor probabilidad de comunicar tus pensamientos.

En la comunicación, la intención es el concepto clave. Si pretendes hablar con la verdad, sin halagar, sin mentir y con sincera intención de comunicar tu amor, logras expresar tus verdaderos pensamientos y no ser malinterpretado. Es un gran beneficio aprender a amar el sonido de las palabras que dicen la verdad, pues en ese amor se encuentra tu mayor probabilidad de ser entendido y de que te crean.

Otra clave para crear un espacio seguro en la comunicación es hacer un espacio para escuchar lo que tu pareja te diga. El universo se comunica con nosotros de muchas formas; a veces, es a través de las palabras de otros que aprendes lo que necesitas saber. Estar abierto a lo que otros digan, incluso solicitar su retroalimentación, es especialmente importante en tus relaciones. Es más importante escuchar a los demás que estar hablando siempre, porque de esa manera aprendes lo que hay que saber.

Ten cuidado y evita actuar como sabelotodo, pues sutilmente sacarás a las personas de tu vida. Una persona que habla como si supiera todo ahuyenta a quienes la escuchan. Si te portas como sabelotodo, otros pueden abstenerse de hablar contigo y no recibirás el mensaje que te podrían haber dado, un mensaje que podría significar la diferencia entre el éxito o el fracaso de una relación. Para crear un espacio seguro para la comunicación, debe ser sencillo hablar contigo y a la vez necesitas agradecer la información nueva.

El reto, desde luego, llega cuando lo que recibes de otro contradice tus propios pensamientos y expectativas. En ese caso, podrías no estar escuchando con suficiente cuidado como para percibir el valor de lo que te está diciendo. Sin embargo, son los puntos de vista alternativos los que potencialmente pueden brindarte mayor ayuda.

Los que tenemos más conciencia avanzamos por nuestros caminos, no sólo con una mano atrás para ayudar a otro, sino con una mano al frente para recibir también ayuda. Esta ayuda bien puede venir en forma de retroalimentación y mensajes de tu ser amado. Tu relación se verá inmensamente beneficiada cuando escuches con atención la retroalimentación de tu pareja y la estudies a detalle, buscando maneras de utilizarla. Además, al escuchar con cuidado honras a tu pareja y, como beneficio adicional, te ganas su respeto. Tu pareja te respetará y te amará más por mostrar que la valoras y por estar abierto a escuchar lo que vaya a decir.

Pasos a seguir para la Ley 4

EL PODER DE LA COMUNICACIÓN LIBRE Y ABIERTA

> Nunca estamos tan vulnerables como cuando confiamos en alguien, pero paradójicamente, si no podemos confiar, tampoco podemos hallar amor o alegría.
>
> Walter Anderson (1944)

Una manera de empezar a crear un espacio seguro en tu relación es imponer, junto con tu pareja, reglas que asegurarán que ambos puedan comunicarse, de manera libre y abierta; pensamientos y sentimientos sin críticas, enojo o temor a represalias. Aquí hay algunos pasos que puedes seguir para iniciar ese proceso.

- Dile a tu ser amado que deseas crear un espacio seguro para los dos y eliminar el factor miedo de su relación, a fin de que ambos puedan ser libres de crecer, aprender y amar.
- Explica que, aunque pueda requerir un poco de práctica, estás comprometido a permitir que tu pareja exprese miedos, preocupaciones y sentimientos sin criticarla o interrumpirla.

- Consigue varios papelitos y escribe "espacio seguro" en cada uno. Ponlos donde los veas de manera habitual, en el espejo del baño, en el tablero de tu auto, en tu cartera, junto al dinero o la licencia de manejo, en la mesa donde comes y en el lugar donde trabajas. Estas notas son un recordatorio de que debes tener el concepto en mente de manera prioritaria al interactuar con tu pareja. También es importante tener en mente el concepto de espacio seguro para interactuar con cualquier otra persona.
- La próxima vez que estés tentado a enojarte o a juzgar a tu pareja por algo que hizo o no hizo, recuerda tu compromiso de proporcionar un espacio seguro. Incluso puedes decir en voz alta: "Es una buena ocasión para practicar la creación de un espacio seguro. Voy a detenerme y escuchar sin culpar o juzgar. Por favor, dime qué pasó y cómo te sientes en este momento."
- Ténganse paciencia mutuamente. Crear un espacio seguro requiere práctica, y habrá muchas circunstancias en las que puedan practicar. Mientras más éxito tengan practicando, más agradecidos estarán por el refugio seguro que han creado, y aún más agradecidos se sentirán con su pareja, pues podrán compartir la vida con alguien tan especial como uno mismo.

Ley 5

Las relaciones exitosas requieren la luz del pasado

El pasado no es un paquete que uno pueda guardar.

EMILY DICKINSON (1830-1886)

Uno de los primeros requisitos para una relación exitosa es que tu pareja y tú se conozcan y se entiendan, que tomen en cuenta sus experiencias pasadas. Las relaciones pasadas te han marcado y enseñado patrones que inevitablemente llevas a tu nueva relación, lo cual afecta de muchas maneras. Esto incluye las relaciones con padres y amigos, así como con otras personas que te hayan moldeado a ti o a tu pareja, en especial si se trataron de relaciones amorosas, buenas o malas. Ya que cada uno de ustedes ha tenido diferentes experiencias, reaccionan de manera distinta a los eventos de su relación conforme se van desarrollando. Entender por qué otros reaccionan de la forma en que lo hacen es crítico para poder hacer frente a sus reacciones y para ayudarlos a alejarse del dolor que puede haber bajo la superficie.

Las relaciones exitosas requieren la luz del pasado

He aquí un ejemplo de cómo entender que el pasado puede marcar la diferencia en el cauce que tome una relación. Cory y Tiffany vivieron felizmente juntos por tres años, excepto cuando era Navidad, Día de Acción de Gracias, Año Nuevo, un día festivo nacional o cualquier otro momento vacacional, pues se llenaban de tensión. En esas ocasiones Tiffany empezaba pleitos sin razón aparente y destruía la armonía. Cory se andaba con tientas para evitar conflictos en épocas festivas, pero ninguna cantidad de precauciones podía evitar un desastre en esos días.

Tiffany era, por mucho, quien tenía la personalidad más fuerte de los dos. Era una agente de ventas agresiva y extrovertida que trabajaba para una empresa de seguros; por su parte, Cory era un programador de computadoras callado y discreto. Se sentía indefenso y no sabía cómo remediar la situación. Un día preguntó a Tiffany si quería ir con él a una terapia, pero esto la enojó.

Tras recibir consejo de un psicólogo, Cory decidió hablar con Tiffany sobre los días festivos que ella había pasado con sus padres. Para crear la atmósfera de seguridad en la que Tiffany se animara a hablar de esos días, él empezó a contarle acerca de los días festivos que había pasado con sus propios padres. Tras escucharlo, Tiffany comentó que los días festivos con su madre y su padrastro habían estado repletos de tensión y enojo. Sus padres habían tenido un divorcio difícil cuando ella tenía cuatro años, y su mamá se volvió a casar al año siguiente. Su madre, su padrastro y ella se mudaron a varios estados de distancia de su padre, y rara vez lo vio después de eso. Cuando Cory le preguntó por qué eran tan problemáticos los días festivos con su mamá y su padrastro, Tiffany se negó a hablar del tema y tomó una actitud distante.

Sabiamente Cory no insistió en el asunto, pero sabía que iba por el camino correcto. Unos días después, volvió a hablar sobre los días festivos que había pasado con sus papás. Después de un tiempo, Tiffany ofreció de nuevo un comentario, dijo que los días festivos que había pasado con su familia fueron un desastre. Cory sólo dijo un "¿Sí?" sugerentemente y, por fin, ella le contó la historia.

Cómo el pasado da forma al presente

El padrastro de Tiffany era un jubilado del ejército que se consideraba un tipo rudo, un capataz exigente. Desafortunadamente, también era sádico. Inmediatamente después de que se casó con la mamá de Tiffany empezó a dominar mentalmente a Tiffany, quien tenía sólo cinco años. Su treta favorita para que ella hiciera lo que él deseaba era crearle la ilusión de que le tenía una maravillosa sorpresa preparada.

Por ejemplo, le decía: "Espera a que veas lo que te compré de Navidad. ¡Te va a encantar!" Diría esa frase cuatro o cinco meses antes de Navidad, luego, la siguiente vez que deseaba que Tiffany hiciera algo que ella no quería, le decía: "Si no lo haces, no te daré tu regalo de Navidad." Constantemente la amenazaba con no darle su regalo, hasta que por fin llegaba la mañana de Navidad, momento en el que él provocaba una discusión desagradable. Como consecuencia, no había regalo, sin importar qué tan bien se hubiera portado Tiffany. Su padrastro destruía cada Navidad y de ello culpaba a Tiffany.

De la misma manera, su padrastro a veces le prometía unas magníficas vacaciones. Durante semanas hablaba de ellas, de todas sus maravillas y de lo mucho que se divertirían. Y cuando quería que Tiffany lo obedeciera, amenazaba con cancelar las vacaciones: "Si no haces lo que te digo, no te llevaré a las vacaciones que te platiqué." Seguía así hasta que llegaba el día esperado, y entonces provocaba un pleito que terminaba cancelando las vacaciones, culpando como siempre a Tiffany.

El mismo escenario se repetía no sólo en Navidad, sino cada día festivo o conmemorativo, así como en cada periodo vacacional. Este comportamiento martirizante continuó hasta que Tiffany tenía unos diez años y se empezó a rebelar. No esperaba a que su padrastro arruinara las vacaciones; ella misma lo hacía, y rápido. De esa manera se protegía de salir lastimada y decepcionada. Cuando su padrastro le prometía unas vacaciones, Tiffany esperaba a que llegara esa fecha festiva para crear un alboroto que arruinaba el día. Saber que iba a hacer eso la rescataba de la decepción, que de otra forma hubiera sentido. Ese patrón lo trasladaba a su relación con Cory.

Compasión intencional

Cory le platicó al psicólogo acerca de la experiencia de Tiffany con su padrastro y crearon un plan para ayudarla a superar el problema. La Navidad estaba a pocas semanas. Unos cuantos días antes de la celebración, Cory llevó a Tiffany a cenar. Le preguntó si podían hablar de un tema delicado, pero importante para los dos. Ella estuvo de acuerdo. Entonces él le dijo que antes acostumbraba mentir todo el tiempo y que eso había arruinado todas las relaciones previas que tuvo. Le platicó que la última novia que tuvo antes de casarse con Tiffany le vaticinó que jamás podría tener una relación duradera mientras no se pudiera confiar en él.

Le platicó a Tiffany que había ido a ver a un psicólogo poco después de cortar con esa novia y cómo éste lo había ayudado a explorar su vida temprana. Con su ayuda, Cory se había dado cuenta de que su mamá le había mentido a su papá todo el tiempo y de que él, Cory, estaba habiendo lo mismo en sus relaciones. Una vez que se dio cuenta de eso, empezó a notar que él era quien estaba echando a perder sus relaciones y prometió nunca más volverlo a hacer, por esa razón habían logrado ahora tener una relación tan sólida.

Cory le dijo a Tiffany que la razón por la que le estaba compartiendo esto era porque ella también tenía patrones dentro de su relación que eran un reflejo de experiencias de la infancia. Cuando era niña, ella había aprendido a crear problemas para su familia durante los días festivos para protegerse, y eso lo había trasladado a su matrimonio.

Paso a paso, guió a Tiffany por algunos de sus días festivos arruinados y le dijo que él jamás la lastimaría de ninguna manera y que ya no necesitaba protegerse de esa forma. Tiffany lloró en la mesa, Cory la abrazó y le dijo que sentía mucho lo que ella tuvo que pasar de niña. Si ella confiaba en él, dijo que tomarían las cosas con calma para esa Navidad y serían muy cuidadosos el uno con el otro.

El día festivo fue un éxito, un éxito amoroso. Lo mismo pasó con los días festivos que siguieron. Al ser paciente y compasivo intencionalmente, Cory creó un espacio seguro para que Tiffany se abriera y dejara atrás los patrones poco sanos que ya no necesitaba. Sin iluminar las horrendas experiencias del pasado que tuvo Tiffany con su padrastro, Cory y ella podrían haber seguido sufriendo a través de celebraciones frustradas durante muchos años o perdido por completo su relación.

Pasos a seguir para la Ley 5

EL PODER DE COMPARTIR HISTORIAS DE TU VIDA

> Los que no pueden recordar el pasado
> están condenados a repetirlo
>
> George Santayana (1863-1952)

Todos hemos atravesado experiencias dolorosas que han moldeado nuestras reacciones ante nuestras parejas actuales. Para tener la bella relación que deseas, tú y tu pareja deben compartir historias de sus respectivas vidas, sin ocultar nada. Este hecho de compartir incluye cualquier experiencia pasada de brutalidad, traumas, violación, incesto o tortura emocional o mental de cualquier estilo que los dos hayan experimentado, así como recuerdos maravillosos que atesoren. Ayudará mucho a la relación si pueden reservar un poco de tiempo cada semana para repasar juntos uno de los siguientes puntos.

- Hablen acerca de las experiencias que cada uno haya tenido en las que se sintieron sujetos de abuso, dañados o lastimados.

- Hablen acerca de las experiencias que los hayan hecho sentirse especiales o que les hayan dado alegría.
- Hablen acerca de cosas que tus padres dijeron o hicieron y que te hayan hecho sentirte especial o feliz.
- Hablen acerca de cosas que los padres de tu pareja hayan dicho o hecho y que la hicieron sentirse especial o feliz.
- Hablen acerca de cualquier cosa que le dé a tu pareja mayor entendimiento sobre quién eres en realidad.
- Hablen acerca de cualquier cosa que te dé mayor entendimiento sobre quién es ella en realidad.
- Hablen acerca de esperanzas que hayas tenido desde hace mucho tiempo, aunque ya no esperes que se cumplan.
- Hablen acerca de esperanzas que tu pareja haya tenido desde hace mucho tiempo, aunque ya no espere que se cumplan.
- Hablen acerca de tus fantasías, sueños, aspiraciones, sin importar lo poco realistas o aparentemente imposibles que sean.
- Hablen acerca de las fantasías, sueños, aspiraciones de tu pareja, sin importar lo poco realistas o aparentemente imposibles que sean.
- Hablen sobre lo que te haga sentir bien o especial.
- Hablen sobre lo que haga que tu pareja se sienta bien o especial.

Dejen que la luz del pasado ilumine hoy su relación para que sepan cómo tratarse mutuamente en el presente, a fin de crear la relación amorosa y duradera que cada uno desea.

LEY 6

El universo es perfecto
y siempre actúa para beneficiarte

> El mundo no es imperfecto ni va en un lento camino rumbo a la perfección: no, es perfecto a cada momento... Todo tiene que ser como es, todo sólo requiere mi consentimiento, sólo mi voluntad, sólo mi amorosa conformidad, para ser bueno para mí.
>
> HERMAN HESSE (1877-1962)

El universo es perfecto, así es su condición permanente. Nunca se desvía de ella. Pasa de perfecto a perfecto a perfecto en un torrente de perfección jamás interrumpido. Si quieres saber si algo es perfecto, hay dos pruebas para determinarlo: *¿Existe?* Si existe, es perfecto. *¿Ha ocurrido?* Si ha ocurrido, es perfecto. En el sentido universal, todo lo que es, fue o será, es perfecto. El mejor suceso posible es el único que puede darse.

La ley del universo es perfecta y siempre está actuando para beneficiarte. Esto por sí solo, sin explicación, puede no serte de gran ayuda. Pero una vez que entiendas el concepto, será uno de los conceptos más liberadores que llegues a aprender. Si puedes vivir a partir de este único concepto, llegarás a descubrir la verdadera felicidad y vivirás una vida libre de estrés. Será casi imposible *no* amarte, pues actuar en armonía con esa ley te permitirá crear el ambiente del espacio seguro en el que tu relación perfecta crecerá y prosperará.

El concepto de que nuestro universo es perfecto es el concepto más importante en mi negocio, en mi matrimonio y en mi vida. Lo uso constantemente en todo lo que hago; es la base para todo mi patrón de pensamientos. Gobierna mi respuesta ante eventos e interacción con las personas y me mantiene tranquilo y feliz. Resumo mi filosofía en una sola frase: "Soy un ser perfecto en un universo perfecto donde todo lo que sucede me beneficia."

Al leer esto puedes pensar que mi vida ha estado milagrosamente exenta del sufrimiento y el dolor. No es así. Yo también he experimentado *shock* y traumas, maldad y tragedias en la niñez, huesos rotos y operaciones, el abandono, la vergüenza, la crueldad, la violación, la pena, el ridículo, las golpizas, la pérdida de felicidad, el engaño, las mentiras, la traición, la soledad y los mil y un eventos que a todos nos tocan. La diferencia entre tú y yo, si es que existe alguna, es que con el paso de los años he aprendido a sacar diferentes conclusiones respecto a ellos.

Lo que *es* simplemente *es*. En cuanto al tiempo, no lo puedes retroceder para que un suceso desaparezca. Todo lo que puedes hacer, sin excepción, es reaccionar ante él y considerar si te gustó o no, si fue *bueno* o *malo*, *afortunado* o *desafortunado*. No tienes el poder para alterar, ni siquiera un poquito, los sucesos que han provocado sentimientos en ti. Una vez que un huevo ha sido aplastado, ya no se puede volver a dejar como nuevo.

Todo lo que sucede te beneficia

Hay un poema estadounidense acerca de Humpty Dumpy, un huevo sentado en una pared alta: "Humpty Dumpty estaba sentado en una pared, Humpty Dumpty se cayó. Ni todos los caballos del rey, ni todos los hombres del rey, pudieron volver a juntar a Humpty." Aunque Humpty sí se pudiera volver a juntar, y de manera impecable, el evento de todas maneras ha ocurrido. No puedes retroceder en el tiempo y volver a poner a Humpty en la pared, antes de que se cayera. Ese suceso no puede deshacerse. Lo que *sí* puedes cambiar son tus sentimientos acerca de lo ocurrido.

Digamos que Humpty hubiera sido un gran amigo tuyo. Supongamos que lo vas a extrañar muchísimo. Pensemos que Humpty te había estado cuidando pero ahora se fue. Tienes dos opciones:

Una, puedes lamentarte de su fallecimiento a cada instante, poniéndote triste con tus pensamientos, recordando todas las cosas buenas que hacía por ti y sintiéndote más abatido conforme avanzan los días, hasta que un día decides que no puedes más y te suicidas.

El segundo escenario es que te despiertas en la mañana, notas la maravillosa luz del sol, el fresco aroma de las flores, la humedad en el pasto y sales a correr, pues te reanima ver la naturaleza. Piensas en Humpty y recuerdas todas las cosas buenas que hizo por ti y sientes una oleada de gratitud porque el maravilloso universo llevó a Humpty a tu vida durante todos esos años felices.

Cuando piensas en tu vida con Humpty, puede que también te des cuenta de que, de hecho, habías estado dependiendo demasiado de Humpty, esperabas que él hiciera ciertas cosas por ti. Aunque lo extrañas, ahora eres libre de salir por tu cuenta y extender tus alas. Ya no necesitas vivir bajo esa gran pared, a su sombra, pendiente de Humpty. Decides mudarte a la playa y cumplir tu sueño de toda la vida de convertirte en alguien que busca tesoros en la arena, o decides capacitarte para alguna ocupación nueva, una con la que Humpty nunca estuvo de acuerdo. Haces eso, y pronto agradeces que Humpty se haya caído, pues ves que tu vida se desarrolla maravillosamente cuando sales de tu cascarón. Humpty pasó a la siguiente etapa en la jornada de la vida y tú pasaste a la tuya; y un día seguirás los pasos de Humpty cuando terminen tus días en este planeta.

La eternidad está compuesta por una serie infinita de *ahoras*. ¿A poco no siempre es *ahora*? Llena tus *ahoras* con pensamientos felices y sentimientos de gratitud, y llegarás a entender la gran verdad de la existencia: eres un ser perfecto en un universo perfecto donde todo lo que sucede te beneficia.

Toma el control de tus pensamientos y sentimientos

Para que en realidad entiendas el concepto de que todo lo que pasa te beneficia, será útil que veas cómo llegué a mis conclusiones y empecé a cambiar lo que pensaba, y cómo me sentía respecto a los eventos que se daban en mi vida. El principio de mi iluminación se dio cuando iba en sexto de primaria. Ese año fui violado.

Estaba lleno de humillación y vergüenza, odio y rabia. Mi autoimagen había sido destruida. Nunca volví a ver a la persona que me violó; se mudó poco después y me dejó con una vida arruinada. Día tras día, me atormentaban pensamientos acerca de cómo matarlo en todas las formas posibles, lentamente y torturándolo. Esos pensamientos controlaban mi vida cada hora que estaba despierto. Los años pasaban y por dentro me seguía retorciendo en agonía, nunca libre de la marca de la violación, de lo que yo creí que era la destrucción de mi hombría, mi autoimagen.

Un día, cuando tenía catorce años, estaba sentado solo, bajo un árbol, haciendo lo que ya era una costumbre: visualizando cómo torturar a esa persona, cuando recibí el más maravilloso regalo universal. Me di cuenta de que yo solo me estaba causando constante y agudo dolor mental y mucha angustia, a pesar de que el suceso había ocurrido años atrás y el violador se había ido. ¡Me estaba lastimando yo mismo!

Ese día, en ese instante, dejé de destruirme. Un enorme peso se me quitó de encima. Salí de mi infelicidad como un rayo de luz que sale de las nubes en un día oscuro y frío. De repente, estaba libre. Me reí. Me paré y grité: "¡Sí!", seguido por: "¡Qué tonto he sido! ¡Qué idiota!"

Por primera vez en mi vida tomé el control de mis pensamientos. Sin embargo, mi cerebro había estado tan traumado y mi rencor estaba tan arraigado que todavía imaginaba las mutilaciones que le haría a esa "persona". Mientras luchaba para que mis pensamientos se fueran, y mi mente no siguiera atormentándome, los pensamientos perturbadores se volvieron menos y menos frecuentes. Finalmente, tuve éxito en eliminarlos.

Durante los años que siguieron, cuando sucedía algo que me lastimaba, me apenaba, me despojaba de algo o me hacía sentir dolor mental, me preguntaba si no era yo mismo quien estaba causando ese sufrimiento continuo. La respuesta siempre era que sí. Entonces me esforzaba lo más que podía para dejarme de torturar. No siempre ganaba esa guerra, pues mi imaginación era poderosa y mi programación, al igual que la tuya, ya estaba establecida por completo. Con frecuencia se me dificultaba controlar lo que pensaba, en especial si alguien había hecho algo para herirme y en consecuencia yo quería herirlo también. Era como si la parte negativa de mi cerebro estuviera al mando y me sentía obligado a ver y sentir lo que esa parte quería, como si fuera una película dentro de mi cabeza. En esas veces en las que todavía sufría, al menos estaba consciente de que yo solo lo estaba provocando. Conforme pasaron los años, me volví más eficiente para acabar rápido con mi sufrimiento.

Ocasionalmente, me daba cuenta de que algo que me había pasado y que en apariencia era malo, había resultado ser un gran beneficio. Empecé a buscar otros incidentes en mi vida que inicialmente parecían malos, pero que acabaron por beneficiarme. Lo que llegué a notar, cuando puse atención, es que *todos* los sucesos, sin importar qué tan malos hubieran parecido en su momento, en realidad me beneficiaron de algún modo. Fue entonces cuando di un gran paso adelante; me di cuenta de que debía estar agradecido por la violación, pues recibí como consecuencia el regalo maravilloso y liberador. Ese incidente, aunque fue terrible, me llevó al camino que decidí seguir a lo largo de mi vida, e incluso me llevó a escribí este libro.

¿Cómo se desarrolla lo "perfecto"?

Ya comenté que después de mudarme de un extremo de mi país a otro para alejarme de la influencia de Bea, me encontré con el antiguo libro de sabiduría china titulado *I Ching*. Cuando la escritura llegó a China en el año 3000 a. C., el *I Ching* fue lo primero en preservarse por escrito. Antes, sus conceptos se habían transmitido por tradición oral durante miles de años. El *I Ching* es una de las ramas más antiguas del conocimiento en el mundo. Lo estudié no sólo por su sabiduría y por el hecho de que contenía muchas leyes universales, sino también porque en él descubrí mi código moral, lo que los antiguos sabios chinos llamaban "el camino de la persona superior". El término "persona superior" no se refiere a alguien que presume y se pavonea, sino a alguien que vive su vida con un comportamiento noble.

Conforme fui entendiendo más las leyes universales, empecé a ver que éstas gobiernan todo. Una vez que entendí eso, pude percibir y entender muchos otros aspectos del mundo en el que vivimos. Por ejemplo, aprendí que todas las leyes del universo están a favor de la continuación de la existencia de éste, y que es un punto que mencioné en la Ley 1. ¿Cómo sabemos que eso es verdad? Porque dado que el universo ha existido en su forma actual desde hace más de 13 mil millones de años, y sigue adelante, hay poca duda sobre la perfección de su construcción.

Para seguir existiendo, el universo sólo puede permitir que ocurran los mejores eventos, eventos perfectos, en cualquier instante de cualquier época. De lo contrario estaría en peligro de destrucción, pues un evento imperfecto podría llevar a un segundo, a un tercero, a un cuarto y así, hasta provocar su destrucción. La continuación del universo depende de la ley que indica que el único evento que puede suceder es el mejor posible.

En el sentido universal, todo es perfecto. Esto te incluye a ti. Aunque tuvieras sólo un brazo, serías un ser perfecto con un solo brazo. Si llevamos esta idea más lejos, el universo está construido de modo que pueda seguir existiendo, y se puede decir que en todo momento se beneficia a sí mismo en la mayor medida posible. Dado que tú eres parte integral e inseparable del universo, lo mismo aplica para ti: todo lo que te sucede te beneficia en la mayor medida posible. Incluso si un incidente te lastimó, apenó o quitó algo, ese evento siempre redundará en tu completo beneficio, pues el universo no dejaría que nada malo le sucediera a sí mismo, y tú eres parte de "él mismo".

Conforme han avanzado las décadas, he seguido viviendo con esta filosofía que ha influido en cada circunstancia de mi vida, incluso cuando lo que creo se tiene que poner a prueba, lo cual en ocasiones pasa a diario.

¿Estás abierto para recibir los beneficios?

Uno de los sabios conceptos que aprendí a lo largo de la vida es que mientras estés enojado o molesto por un evento, ya sea en tu relación o en otra parte de tu vida, serás incapaz de percibir los beneficios, lo que te puede desgastar al oponer resistencia innecesariamente. El evento se dio para tu entero beneficio desde el momento en que sucedió. Una vez más, un suceso es sólo un suceso; la manera en que respondes a él es lo que determina su resultado final en tu vida. Una vez que un evento ha ocurrido, dado que no puedes cambiar el pasado, no te queda más que responder.

Ya que los eventos en tu vida son para tu completo beneficio desde el principio, ¿por qué no responder a ellos de manera positiva? Si así lo haces, de inmediato experimentarás sentimientos favorables y, al actuar de forma congruente con tus sentimientos, llegarás pronto a esta conclusión y evitarás infinitas horas, días, meses o años de lamentarte por algo que desde el principio ocurrió para tu total beneficio.

Supongamos, por ejemplo, que te sientes realmente bien y estás pasando un buen día, cuando alguien arrolla tu bicicleta con su coche. Es una ley del universo que cada acción produce una reacción. De modo que si reaccionas ante la bicicleta rota como si fueras víctima de la mala suerte, le pides al universo responderte como si de verdad fueras una víctima, entonces percibirás su reacción como si fuera mala suerte, pero en realidad tú estás causando esa respuesta con tu reacción inicial.

Por otro lado, si dices: "¡Está perfecto!" y lo sientes de verdad, estarás respondiendo al incidente como si fuera una cosa buena para ti. ¿Entonces qué pasa? Ya que el universo esta forzado a responderte con base en cómo estás respondiendo en un momento dado, si lo haces de forma positiva experimentarás sus aspectos más agradables, su potencial para ser favorable.

Para entender con más detalle cómo es que esto funciona, imaginemos el escenario de la bicicleta rota de manera exagerada. Primero, imagina que cuando ves que el coche está arrollando tu bici sales corriendo de tu casa, sacas al conductor del coche y se pelean a golpes. Llega la policía y te lleva a la cárcel, donde abusan sexualmente de ti. Matas a la persona que abusó y te dan cadena perpetua. Es una opción totalmente exagerada. Es ridículo, lo sé, pero permíteme explicar el punto.

Hay otra opción más sabia. Caminas hacia el lado del conductor que acaba de arrollar tu bici. El hombre está esperando con temor tu reacción. Sonríes y dices: "Está bien, no te preocupes." Tu reacción inesperada produce una oleada de gratitud del conductor. Te presentas y el conductor, agradecido, ofrece pagarte por tu bici dañada. Tu respuesta es: "Está bien, acepto el pago, pero tomemos un momento para ver si este evento ocurrió porque de alguna manera era importante que nos conociéramos."

Como consecuencia, tú y el conductor se convierten en amigos de por vida, te casas con su hermana, forman una maravillosa familia y pasan muchos años juntos con gran placer. Además, imagina que, sin que tú lo supieras, el tornillo que detenía la llanta frontal de tu bici estaba flojo y la siguiente vez que hubieras manejado la bici habrías tenido un accidente grave al bajar por una colina muy inclinada. El hecho de que la bici fuera arrollada en realidad te habría salvado la vida.

Actúa de acuerdo con la creencia de que cada evento se desarrolla sólo para beneficiarte por completo y harás que el evento siga adelante de buena manera. Estarás completamente a cargo de los efectos posteriores de cualquier suceso. Como escribió William Shakespeare: "No existe nada ni bueno ni malo; es el pensamiento lo que lo hace parecer así."

He aquí otro ejemplo de cómo sucede esto. Hace unos veinte años, mi hijo Pax y su amigo Aaron estaban en la casa conmigo cuando sonó el teléfono. Lo contesté y vi que era alguien que había marcado un número equivocado. La persona se disculpó y estaba a punto de colgar cuando le dije: "¡Espera!, quizá no sea un número equivocado; quizá debemos hablar. Puede ser una afortunada coincidencia." Hablamos unos minutos de nosotros mismos, aunque pronto nos despedimos y, al no encontrar nada en común, nos reímos.

Unos diecisiete años más tarde, Aaron, que ahora tenía veintisiete años, recibió una llamada de alguien que había marcado el número equivocado. Se acordó de mi llamada de muchos años atrás y le dijo a la persona: "¡Espera!, tal vez se supone que debemos hablar!" Tras platicar por unos minutos con la chica que había llamado, descubrió que era una porrista del equipo de futbol americano Delfines de Miami. Él siempre había tenido el sueño de salir con una porrista. Al siguiente día, Aaron, que vivía en Los Ángeles, iba en un avión rumbo a Florida. Se quedó con ella más o menos durante una semana y luego regresaron a California a vivir juntos.

En todas las áreas de tu vida, debes mantenerte abierto a recibir los beneficios de sucesos inesperados que te liberarán para abrirte a las oportunidades que lleguen a tu vida. Además, esto llenará cada día de felices esperanzas.

Empieza por las cosas pequeñas

Las preguntas que generalmente escucho como respuesta al concepto de que el universo es perfecto son: "Si el universo es perfecto, ¿qué hay de Hitler y el holocausto?", "¿Qué hay del 11 se septiembre en Nueva York?", "¿Qué hay del tsunami que mató a más de doscientas mil personas en Tailandia?", "Y de la muerte infantil o el cáncer?", "¿Por qué sufro dolor?", "¿Por qué se murió mi papá cuando yo apenas tenía siete años?", "¿Por qué atropellaron a mi gato?", "¿Por qué me dejó mi amante después de que le dediqué los mejores años de mi vida?", "Si es un universo tan perfecto, por qué hay tanta agitación, tantos conflictos, tanto sufrimiento?".

Todas ellas son preguntas difíciles. Al ver sucesos en el mundo y en nuestra propia vida, parece que no existe un universo perfecto. Todos hemos experimentado lo que llamamos mala suerte, mala fortuna o incluso tragedia. Nos han mentido y engañado, nos han roto el corazón y algunos seres queridos nos han traicionado. Ante eso, ¿cómo puede ser que llamemos a esto un universo perfecto?

La respuesta breve es que, de alguna manera, aunque no lo notemos de inmediato, esos eventos son parte de la perfección del universo que apenas están desarrollándose, y es sólo nuestra percepción la que no está completa. Y no debes pensar: "Si mi percepción tiene una falla y soy parte del universo, eso significa que éste también tiene una falla." La respuesta a eso es que tu percepción, aparentemente errónea, es perfecta para ti en ese momento específico; en realidad, no es tanto que tu percepción tenga una falla, sino que está en proceso de evolución.

¿Cómo llegas hasta el punto de creer en un universo perfecto? Empieza por las cosas pequeñas: la cartera perdida, el camión o avión al que no te alcanzaste a subir, el dedo del pie lastimado, el jarrón roto, la bici robada, el perro o gato perdido, la salpicadera abollada del coche, el dedo cortado, la mentira que te dijeron. Incluso ante lo que normalmente considerarías pésima suerte, debes ser paciente y reaccionar como si fuera la mejor suerte posible, con el conocimiento y la confianza de que más adelante te darás cuenta de cómo fue que esto pudo considerarse la mejor suerte posible.

Tu recompensa por tener esta creencia será un control consciente, que se va incrementando, de todas las situaciones y la visión de un futuro favorable y feliz, así como recuerdos de un agradable pasado en el que mantuviste con certeza tu creencia.

¿Qué tiene que ver esta nueva manera de pensar, sentir y actuar con nuestras relaciones? Recuerda el ejemplo que di en la Ley 4 acerca de tu pareja o esposo, quien tenía un accidente con el auto. En vez de verlo como motivo de enojo, gritos, sarcasmo o imponer sanciones, responde como si fuera un evento perfecto. Di: "Está perfecto, mi amor. Probablemente conozcas a un nuevo mejor amigo cuando lleves el coche al taller para que lo reparen, o quizá los mecánicos del taller encuentren otra cosa que necesita componerse urgentemente para hacer más seguro tu auto." De la misma manera, si tu esposo rompe un objeto que ha pertenecido a tu familia desde hace seis generaciones, estarás a tono con los eventos que se están desarrollando si respondes: "Está perfecto, querido. De todos modos ya me había cansado de estar cuidando ese jarrón."

Lo que le muestras a tu pareja al reaccionar así es que no sólo puede confiar en que le tendrás un espacio seguro sin importar lo que suceda, sino además que valoras tu relación y el amor que comparten más que cualquier pérdida o disturbio. Y algo igualmente importante, esos incidentes ya no tienen el poder de arruinar tu día, tu mes, tu año, tu relación o tu vida.

Replantea el pasado

Una parte importante de aceptar la ley de que todo lo que sucede te beneficia es aprender a ajustar cómo ves y cómo sientes eventos del pasado que posiblemente todavía lamentes. Estaba en Nueva York, pues me estaban entrevistando en televisión, radio y periódicos acerca de mi libro *La cura del alcoholismo y otras adicciones*, cuando un reportero que había estado bebiendo mucho se acercó a entrevistarme. Apestaba a alcohol. Hablamos por un par de horas, y tras la entrevista le pregunté por qué bebía. Me dijo que porque había sido víctima de la pérdida de una oportunidad cuando era joven. Le pedí que me hablara de eso.

Me contó que de joven había tenido la oportunidad de asistir a la Universidad de Harvard y no lo hizo. Me explicó que ahora sólo trabajaba medio tiempo como reportero, pero que su verdadero empleo consistía en manejar un camión que transportaba alimentos. Realizaba este trabajo seis días a la semana, a partir de las tres de la mañana, y no le encantaba. Le pregunté si estaba casado, me dijo que sí, y además tenía seis niños; adoraba a su familia, que era la alegría de su vida, lo mejor que le había sucedido.

Le pregunté qué había hecho en lugar de ir a Harvard y me platicó que había asistido a una universidad pequeña, sin reputación destacada.

—¿Algo relevante te pasó ahí? —le pregunté.

—¡Sí! —dijo—, ahí conocí a mi esposa.

—¿Qué? —exclamé. ¿Estás bebiendo porque perdiste la oportunidad de ir a la Universidad de Harvard y en vez de eso conociste a tu esposa, con quien tuviste seis niños maravillosos?

Vi que todos sus años de desilusión fueron provocados porque estaba lamentando un evento que, en realidad, trajo un gran beneficio para él. Lo pensó por un momento y dijo:

—¿Sabe?, tiene razón.

Unos meses después recibí una carta de la hermana del reportero. Decía que su hermano había dejado la bebida y que era un hombre nuevo. Se había librado de su adicción al alcohol al darse cuenta de que la vida no estaba conspirando en su contra, sino que estuvo trabajando para beneficiarlo.

¿Te sientes atrapado porque estás aferrado a la creencia de que el cauce de una relación, una decisión que hayas tomado o un evento que sucedió antes ha arruinado el resto de tu vida? Mucha gente todavía lleva consigo dolor o arrepentimiento de las relaciones pasadas. Algunas personas hasta se lamentan por un divorcio que ocurrió años atrás, aunque hoy estén felizmente casadas con alguien más. Otras sienten que la mejor parte de su vida ya pasó porque alguien que amaban las dejó. Si alguno de estos escenarios refleja tu caso, puedes cambiar esto ahora mismo.

A todos nos han roto el corazón. Cuando sucedió, estábamos inconsolables e infelices, pero luego alguien más llegó e iniciamos otra relación. Si cuando la primera relación terminó hubiéramos sabido esto, probablemente habríamos manejado la ruptura de manera muy distinta.

Si supieras que algún final en tu vida estaba abriendo paso para una relación incluso mejor con alguien más, ¿estarías triste? No. Dirías: "¡Gracias por prepararme para la siguiente persona!" O incluso: "Oh, ¿ya terminamos? Bien, por favor saca tus cosas cuanto antes. Tengo alguien nuevo que viene en camino más o menos pronto."

Si al momento en que te entregan una solicitud de divorcio supieras que el doble de bueno viene en camino, ¿estarías triste? No. Dirías: "¡Ah! Esto es como mi diploma de graduación para que pueda seguir adelante!" Lo que pasó anteriormente no fue un error lamentable, al final fue para tu beneficio.

Tener esa actitud desde el principio, incluso cuando no puedas ver lo que viene, abrirá el camino a esa nueva relación o a esas nuevas condiciones a fin de que lleguen a ti mucho más rápido. Así es como sucede todo el tiempo y con todas las situaciones en nuestras vidas.

Déjame contarte una breve historia sobre cómo le enseñé a mi hijo Pax esa lección. Tenía unos tres años y medio. Había recibido una nueva bicicleta unas semanas atrás y la adoraba. Un día fuimos a la playa, dejamos su bici asegurada con cadena y candado, y nos fuimos a nadar. Al regresar, alguien se había robado la bici. Empezó a llorar. Le pregunté cómo se sentía por la pérdida de su bici.

—¡Mal! —gritó.

Le pregunté si le dolía y me dijo "¡Sí!"

—¿Dónde te duele?

—Aquí —dijo, al tiempo de señalar su pecho.

Luego le pregunté qué sentía por la persona que se había robado su bici.

—¡Lo odio!

—¿Y qué le harías si te lo encontraras? —le pregunté.

—¡Le pegaría con mi bate de beisbol y lo obligaría a devolverme mi bici!

—¿No me dijiste que la semana pasada, cuando saliste con mami, habías visto otra bici que te gustaba más que la que se robaron?

Se puso a pensar un momento y dijo que sí lo recordaba.

—Bueno —le dije—, vamos a ver si la tienda todavía tiene esa bici.

Fuimos a la tienda y compramos la bici. Lleve a Pax y a la bici de regreso al mismo lugar donde le habían robado la otra. Una vez más le pregunté cómo se sentía respecto a que le hubieran robado la bici.

—¡Mal! —dijo, pero sin la misma intensidad.

—¿Y qué le harías a la persona que se robó tu bici si la encontraras?

—¡Le pegaría con mi bate!

Seguramente imaginas qué sigue. Le indiqué a Pax que si su bici no hubiera sido robada, no tendría la nueva. Pasamos media hora hablando del tema hasta que a su mente, de tres años y medio, le había quedado claro el concepto. Trabajé ese tema con él de manera intermitente durante unos cuantos meses, y luego durante un año o dos más, conforme ocurrían incidentes similares. Hoy, esas lecciones le benefician a Pax. Desde luego, también me la aplicaba de vez en cuando tras hacer cosas que yo no quería que hiciera. Me decía: "Pero está perfecto, ¿no, papi? El universo no podría continuar si yo no hubiera hecho eso, ¿cierto?" Yo decía que tenía razón, en el sentido de que esos incidentes definitivamente le estaban dando las lecciones que necesitaba, pero que tendría que seguir aprendiendo esas mismas lecciones mientras no cambiara su comportamiento.

Suelta el arrepentimiento

Si no puedes crear el hábito de pensar que los sucesos que se desarrollan en tu vida son finalmente para tu beneficio, seguirás cargando con creencias y arrepentimientos del pasado. Los llevarás contigo a donde quiera que vayas. ¿Y qué ganas al seguir llevado el arrepentimiento contigo a todos lados? Estás negándote la posibilidad de ser feliz hoy, pues cada vez que piensas en ese arrepentimiento, te dices a ti mismo "Qué mala suerte...". Estás destruyendo ese momento al permitir que eventos pasados te tiranicen. Pero si puedes adoptar la filosofía de que todo es perfecto, toda esa gente que crees que perdiste y todos esos corazones rotos, de repente se convierten en algo ideal. En realidad, no puede ser de otra manera, pues eres parte del universo y éste se cuida a sí mismo perfectamente.

Mira, sé que es un concepto difícil por todo lo que ha pasado en tu vida, pero el esfuerzo que dediques a entenderlo se te recompensará mil veces cuando tengas éxito al responder como si todos los eventos de la vida siempre estuvieran desarrollándose a tu favor.

Cuando situaciones en apariencia negativas lleguen a tu vida, ya sea que se trate de un corazón roto o de algún giro que parezca "malo", la verdadera pregunta no es: "¿Por qué a mí?", sino: "¿Cómo me beneficiará?" Hasta ahora puedes haber estado acostumbrado a lamentarte. Te lamentas, te sientes mal. Pero es una elección, una elección que puedes cambiar. Puedes hacer la elección de tomar una nueva perspectiva, una que sea optimista, alegre y con la plena expectativa de que el evento será parte de algo maravilloso.

Cuando sucede algo que parece poco afortunado o malo, yo lo trato como si fuera sensacional. No pierdo mi buen humor. No me decaigo por eso. Y conforme pasan los días, siempre descubro que *sí* era perfecto para mí. Quizá lo que parecía un obstáculo evitó que tomara una mala decisión de negocios o me permitió dedicarle tiempo y atención a algo mucho más importante, o me puso en contacto con alguien que necesitaba conocer. Así es el mundo en el que vivo cada minuto, cada día.

Te invito a vivir en ese mundo también, a empezar a ver que las cosas te han pasado y te seguirán pasando por una razón: para que te puedas beneficiar al máximo. De hecho, ningún otro evento que hubiera sucedido te habría beneficiado en mayor medida.

Los puntos importantes en tu vida

Una de las formas en que nos beneficiamos de los sucesos, aunque no siempre es obvia sino hasta después, es que las situaciones y relaciones por las que atravesamos siempre nos proporcionan exactamente lo que necesitamos para seguir adelante y progresar. Piensa esto: cuando se creó el universo, todo se usó. No sobró una sola caja de galaxias, tierras, montañas, cascadas o estrellas. Todo se aprovechó y está en el lugar exacto que le corresponde, y eso te incluye.

La inteligencia universal es más vasta que cualquier cosa que nos podamos imaginar. Cuando Pax tenía trece años me dijo: "La cosa más difícil ya ha sido hecha, la creación del universo. Después de eso, todo en comparación es sencillo." ¿Podemos crear una flor, una piedra, un plátano, un pez? Si no podemos hacer eso, ¿cómo podemos pensar en la creación del universo sin sentirnos completos y deslumbrados? ¿Cómo no sentir respeto?

El universo fue creado justo en el momento correcto para permitir la creación de nuestro planeta y nuestro Sistema Solar. La Tierra se enfrío exactamente en el momento ideal para permitir el desarrollo de varias formas de vida. Todos nacimos exactamente en el momento correcto para que pudiéramos llegar a este instante en el tiempo. No puedes estar en el lugar incorrecto dentro del universo. Sin importar dónde estés, es ahí donde se supone que debes estar, sin importar lo que estés haciendo. Y sí estás contento o no depende del estado de tus pensamientos mientras realizas esa actividad.

Siempre estamos en el lugar y en el momento perfectos para experimentar el evento perfecto para nuestra comprensión y evolución perfectas. Saber esto te puede ayudar a mantenerte calmado y feliz, incluso en los tiempos más difíciles. Después de todo, estamos aquí para perfeccionarnos como seres humanos, como criaturas espirituales.

Quizá hayas escuchado que no somos humanos en la Tierra para tener una experiencia espiritual, sino que somos seres espirituales en la Tierra para tener una experiencia humana. A veces, la manera en que el universo te ayuda a perfeccionarte es traer eventos aparentemente desagradables a tu vida para que al sobreponerte a estos obstáculos ganes fuerza, sabiduría y la información que necesitas de estos eventos.

Al final de tu vida, cuando reflexiones respecto a ella, verás que tu sabiduría y tu fuerza no surgieron en los días promedio y sin nada interesante, que fueron sólo un periodo de descanso ubicado entre oportunidades para crecer. Tu sabiduría y fuerza provienen de los momentos importantes en tu vida: la agitación, el abandono, la violación, la pérdida de una oportunidad, la traición, la humillación, los errores aparentemente costosos que cometiste y los supuestos accidentes.

El universo no trae a tu vida una circunstancia si ya no la necesitas. Cuando estás en primer grado, aprendes que uno más uno es igual a dos. Cuando estás en la prepa, ya no te dan esa lección porque ya la sabes. Sucede igual con las condiciones en tu vida. Cuando ya has tomado la información que necesitas de una circunstancia o situación en tu vida, se irá. Si no has tomado la información, la situación o la circunstancia seguirá en tu vida o se repetirá.

Anteriormente, mencioné a mi amigo que decía que tenía pésima suerte al elegir mujeres y se quejaba de que sus últimas nueve novias habían sido unas brujas. ¿Recuerdas que, cuando descubrió que quien estaba causando los problemas en sus relaciones era él, encontró a su verdadero amor, que siguen juntos y tienen una familia maravillosa? Bueno, así es como funciona. Si hay alguna situación con la que no estés contento en tu relación, ábrete a la información que estás recibiendo para que puedas entender *por qué* es parte de tu relación.

Si te encuentras con el mismo patrón de infelicidad o con los mismos problemas que llevan a una decepcionante ruptura en una relación tras otra, considéralo como un golpecito suave en tu hombro, una señal de alerta, un regalo de información que el universo te da para que puedas corregir tu comportamiento destructivo y salvar tu relación o prepararte para una nueva. El golpecito en tu hombro pretende que te detengas, que mires con objetividad tus relaciones como si fueran fotos puestas sobre una mesa y veas qué es lo que debes cambiar. Pretende mostrarte qué ajuste necesitas hacer en tus pensamientos, tus expectativas y tu comportamiento para que puedas convertirte en el tipo de persona que atraiga y mantenga la clase de relación que quieres y, lo más importante, para recibir el amor que deseas.

La persona con la que estás no es un error

Las interacciones que tienes con tus seres amados son de las situaciones más importantes que te permiten aprender y crecer. La persona con la que tienes una relación no es la equivocada, un error cósmico. Ni es por casualidad, sólo porque así se dio. La persona con la que tienes una relación es la persona correcta para ti en este momento de tu vida. La relación en la que estás es la que *supuestamente* debes tener para tomar de ella lo que debes tomar: información, sabiduría, fuerza y superación personal. Esto no significa que debas seguir con esa relación si es dañina o insatisfactoria, pero se supone que debes mantenerla durante el tiempo que debas, y al aprender acerca de las leyes del amor, en verdad puedes crear una relación maravillosa y amorosa que dure toda una vida.

Así que, por favor, no malinterpretes mis palabras y pienses que debas aceptar una situación intolerable o de abuso dentro de tu relación. A veces la información que una relación te brinda es una advertencia de que es momento de irte antes de sufrir daño. Aprender de las situaciones en tu vida no significa que debas portarte como un tapete o un costal para practicar boxeo. Si estás en una situación peligrosa, física o emocionalmente, busca ayuda y da los pasos necesarios para protegerte.

En tu proceso de aprendizaje, en el que aceptas que el universo es perfecto y siempre está buscando la manera de beneficiarte, te resultará muy útil ser paciente contigo mismo. Aprende a ver que, dentro de nuestro universo perfecto, los retos que hay en tu relación, los que te sacan de tu zona de confort, finalmente son para tu beneficio.

Pasos a seguir para la Ley 6

EL PODER DE BUSCAR LOS BENEFICIOS

> O nos hacemos infelices o nos hacemos fuertes.
> La cantidad de trabajo es la misma.
>
> Carlos Castañeda (1925-1998)

Una de las razones principales por las que pocas personas son realmente felices es porque la mayoría tiene percepciones erróneas y falta de conocimiento, no por mala suerte. Cuando tratas un suceso como si fuera mala suerte, le das la facultad de ser malo. Cuando lo tratas como si fuera buena suerte, creas una cadena de eventos que trae consigo resultados positivos.

Otra manera de verlo: cuando estás enojado por un suceso, es como si trajeras anteojeras que no te dejan ver bien. Tu atención se enfoca sólo en el objeto que te causa enojo, mientras que el universo se sigue desarrollando en forma maravillosa. Sigues atrapado en el momento en que ocurrió el evento, instalado ahí debido a tu enojo y perdiéndote de los que podrían ser los momentos más importantes de tu vida.

He aquí algunos pasos sencillos que puedes seguir para empezar a ver los sucesos de tu vida como si fueran perfectos y como si siempre se dieran para tu beneficio absoluto.

- Primero, recuerda una situación del pasado que en su momento parecía "mala" pero que luego viste que te benefició. Por ejemplo, te pueden haber roto el corazón, pero después encontraste una nueva pareja y experimentaste una maravillosa relación romántica. La segunda relación no hubiera tenido lugar sin que terminara la primera. Además, el corazón roto fue parte de la experiencia que necesitabas tener para poder comprender lo que hoy estás aprendiendo aquí. Al pensar en el evento pasado que se convirtió en una bendición para ti, date la oportunidad de sentir gratitud porque este primer evento abrió el camino para que pudieras experimentar algo maravilloso.
- Ahora piensa en una situación actual en tu relación que te haya dañado, que te haya enojado, que se haya convertido en una carga pesada o que hayas etiquetado como "mala" o "por mala suerte". En vez de pensar en ti mismo como víctima, debes decirte: "Esta situación es perfecta. Sé que finalmente es para beneficiarme. Hay información vital o una lección que debo tomar de esta experiencia." Tal vez esto sea una tarea difícil, pero lo puedes hacer. Simula, si es necesario, pero da por hecho que la situación ha sido completamente creada para tu beneficio, y ábrete para que puedas ubicar cuál es ese beneficio.

- Siempre que tengas tentación de sentirte como víctima, haz de nuevo este simple cambio en tu pensamiento y recuérdate a ti mismo que: "El universo está causando cada evento que ocurre en mi vida para que me pueda beneficiar al máximo."

Las siguientes palabras del poema "Desiderata", escrito en 1927 por Max Ehrmann, son un bello recordatorio de la verdad:

Eres un hijo del universo,
no menos que los árboles y las estrellas,
tienes derecho a estar aquí.
Y ya sea que te resulte claro o no,
no dudes que el universo se está desarrollando
como debería.

Ley 7

Tu relación te proporcionará lo que necesites

> Existen fuerzas secretas que trabajan
> y juntan a quienes deben estar juntos.
>
> I CHING (3000 AÑOS A. C.)

Probablemente has escuchado que las cosas atraen otras similares y que los opuestos se repelen. Bueno, eso sólo es parcialmente correcto. Lo que repeles es lo que no necesitas. Hay fuerzas que continuamente están trabajando para juntar a quienes deben estar juntos. Esto es parte de la sabiduría antigua que ha sido transmitida de generación en generación por miles de años, y significa que no debes preocuparte por conocer a la persona que requieres para tener una relación perfecta. Finalmente atraerás una pareja que tenga lo necesario para que puedas seguirte puliendo y así convertirte en el mejor ser humano que te sea posible.

El universo es lo que trae a la gente a tu vida. Ese encuentro aparentemente casual es el desarrollo de tu destino. He aquí una breve historia para ejemplificar esto. Mi esposa, Lyn Hamaguchi Prentiss, cuyos antepasados fueron japoneses puros, tenía dieciocho años cuando entró a un edificio para recoger un libro que tenía un compañero de clases de la universidad. Al mirar el pasillo, notó una mesa de dibujo en color verde claro como la que usaba su padre para trabajar en casa. Se acercó y vio encima un libro gris y amarillo titulado *I Ching*. Es un libro muy complejo, escrito hace miles de años. Lo dejó ahí y pensó que más adelante en su vida le gustaría dedicar tiempo a estudiarlo.

Veintiséis años después, Lyn estaba viviendo en la isla de Kauai, la más al norte de las islas hawaianas, y había ido a visitar a su amiga Takako, que también es japonesa. Estaba revisando los libros de la biblioteca personal de Takako cuando se encontró un libro que en su título integraba las palabras *I Ching*. Emocionada por hallar algo sobre ese tema después de tantos años, tomó el libro y se lo llevó a Takako, quien le dijo: "Un amigo mío escribió ese libro."

El libro que Lyn sostenía era uno de los siete que he escrito bajo mi seudónimo chino Wu Wei, sobre filosofía china, el *I Ching y el universo y cómo funciona*. La siguiente vez que fui a Kauai, Takako me presentó a Lyn.

Esta es la forma en que Lyn y yo nos conocimos "por coincidencia". El universo había preparado a Lyn veintiséis años atrás para ese encuentro. Es importante destacar que veintiséis años en tiempo universal es menos que la trillonésima parte del tiempo que tarda el aleteo de un colibrí. Así es como funciona el universo. Puedes pensar que fue una coincidencia, pero eso es sólo una palabra que usamos para describir la asombrosa y maravillosa forma en que el universo junta a quienes pertenecen juntos y otros sucesos cósmicos que se dan "por coincidencia".

Puedes estar en una habitación con cientos de personas y gravitarás hacia la que el universo ha elegido para ti, para que la conozcas. Luego, si tienes una relación con esa persona, les contarás a tus amigos cómo se conocieron y qué sorprendidos estaban ambos de que en una habitación llena de gente se encontraran. Si les preguntas a las siguientes diez parejas que te encuentres que cómo se conocieron, probablemente todas tengan una historia que refleje la "coincidencia" que los juntó. Así es como funciona. Las relaciones son arregladas por elección del universo.

En cierto sentido, entonces, todas las relaciones son planeadas con antelación. Quizá seas una persona que quiere casarse con alguien rico. Puede ser tu criterio de selección principal, tu máximo lineamiento. Pero si más adelante te casas con alguien rico, será porque el universo te proporcionó una persona rica que posee lo atributos que te permitirán evolucionar en todas las formas necesarias. La riqueza de esa persona y tu deseo de riqueza fueron la forma en que el universo te atrajo esa persona.

Te puedes sentir atraído hacia alguien por su apariencia, personalidad, logros, carácter y modales (o falta de ellos), y por todas las características que componen a un ser humano. Pero debes saber que lo que está envuelto en todos estos aspectos es "lo que necesitas".

El propósito de formar una pareja

Es tiempo de dejar de lado cualquier duda que tengas respecto a la conciencia del universo y su intención de juntarte con quienes debes estar. El universo te junta con otros con un propósito, y ese propósito es que aprendan unos de otros y se perfeccionen como seres humanos. Habrá buenos momentos y probablemente instantes apasionados; si no los hubiera, no seguirían juntos. Pero también habrá fricción, desacuerdos, ideas diferentes, distintos valores y maneras distintas de expresarse. Hay una razón para esto. Lo más probable es que aquello que te molesta de tu pareja sea precisamente el problema que debes trabajar.

Si eres el tipo de persona que es impaciente o se enoja con facilidad, probablemente te encuentres en una relación con alguien que te brindará la oportunidad de obtener bastante práctica en el arte de desarrollar paciencia y compasión. Si te preocupas por todo o tiendes a analizar demasiado las cosas, tu pareja puede ser alguien intuitivo y espontáneo. Si no sabes poner límites correctamente, tu pareja puede ser alguien que no respete bien ningún límite y por lo tanto, te obliga a desarrollar esa cualidad tan necesaria que te falta. Y, por supuesto, quizá tú estés ahí para enseñarle a tu pareja a respetar límites.

Para mejorar tu relación, mira las áreas de insatisfacción e identifica qué información te están trayendo tu pareja y las circunstancias. Otra forma de decir esto es que, sin importar lo que en la actualidad haya en tu vida, es lo que necesitas hoy. Sea cual sea el nivel en el que estés, lo que necesitas en ese nivel te llegará de manera natural. El universo te lo traerá en una forma que parezca coincidencia total. Y cuando estés listo para dar el siguiente paso en tu evolución, la pareja que necesitas te estará esperando (o ya está en tu vida pero no la has reconocido todavía), pues ha sido elegida por el universo. Esa es la ley universal de la atracción.

Desde luego, como mencioné en el capítulo anterior (y vale la pena repetirlo), no estoy diciendo que debas tolerar una relación turbia y poco sana si actualmente estás en una así. Hay varias razones por las que podrías encontrarte en esta clase de relación, incluyendo que necesitas aprender a valorarte más para poner fin a relaciones peligrosas y aprender a enfocarte en lo que mereces.

Los que atraemos

Un ingrediente clave, pero olvidado con frecuencia en la dinámica de las relaciones, es que atraemos personas que van de acuerdo a nuestro actual nivel de desarrollo. Tendemos a pensar en el tipo de pareja que queremos tener en nuestras vidas, pero un factor igualmente importante es ver a quién atraemos con la clase de personas que somos. Ralph Waldo Emerson expresó esto cuando escribió: "Mira nuevamente la perfección de la ley y cómo se aplica a los afectos... Nos asociamos con quienes son como nosotros."

He visto este concepto en acción muchas veces, pero una de ellas me parece destacada. En 1985 y 1986, dirigí talleres en Los Ángeles para gente que no tenía la vida que deseaba y que estaba dispuesta a venir y trabajar conmigo durante un mes para retomar el control de sus vidas. Siempre nos sentábamos en un círculo y, cuando empezaba el taller, yo caminaba por el salón y le preguntaba a cada persona qué era lo que quería.

Las respuestas eran variadas: obtener mi propia casa, conseguir independencia financiera, encontrar a mi alma gemela, dirigir la compañía para la que trabajo, dejar de vivir en casa de mis padres, aprender a salir a paseos románticos, encontrar la paz y otras cosas más que muchos de nosotros deseamos. Si hubieras estado en ese taller, habrías dicho que una de tus metas era aprender a crear o atraer la relación con la que siempre habías soñado.

Un hombre del grupo que estaba buscando a su pareja ideal reportó que, unos meses antes de ir a mi taller, había tomado otro para encontrar a su pareja ideal, pero que no le había funcionado. Este hombre tenía unos 55 años, de diez a quince kilos de más, no se había rasurado en varios días, no estaba bien vestido y había llegado en un Chevy viejo en condiciones evidentemente malas.

Cuando le pregunté qué había aprendido en ese otro taller, dijo que el líder del taller les había pedido a todos que hicieran una lista de cualidades que deseaban hallar en su pareja ideal y que la llevaran consigo en todo momento. Le pregunté si traía la lista consigo y dijo que sí. Entonces le pedí que la compartiera con nosotros. Sacó una lista de dos páginas escrita a máquina, a renglón seguido, y nos la leyó.

Entre los puntos que había enumerado estaban que quería una pareja muy hermosa, en buena condición física y como de 1.70 metros de estatura, que fuera muy delgada, con busto grande y cabello café largo y ondulado. Quería que ella fuera amigable y con grandes deseos de complacerlo. También quería que fuera talentosa para dar masajes, excelente cocinera, buena pianista, amante excepcional, buena esquiadora y con finanzas desahogadas porque él nunca había podido encontrar el éxito en los negocios y en la actualidad trabajaba como jornalero. Su lista era realmente asombrosa.

Miré al hombre y le dije:

—¿Dónde está tu lista?

—¿Qué quiere decir? —preguntó—. Es ésta.

—No —dije—, ¿dónde está la lista de lo que tú harás? ¿La que hace juego con la de ella? ¿Eres buen cocinero, buen masajista? ¿Sabes tocar un instrumento musical, te consideras un hombre excepcionalmente guapo o tienes alguna de las otras características que harían juego con la lista que escribiste acerca de la mujer de tus sueños?

—Bueno —respondió—, sé esquiar.

—Si la mujer que describiste entrara aquí ahorita —le dije—, y viera al hombre que la había llamado, probablemente pensaría que alguien le estaba jugando una gran broma. Necesitas una lista para ti que vaya de acuerdo con las cualidades de la mujer que describiste en tu lista. Te sugiero hacer una lista para ti mismo, y cuando hayas alcanzado las cualidades que sean equivalentes a las que deseas en tu pareja ideal, ella aparecerá.

La vida no funciona como este hombre pensaba. La forma en la que verdaderamente funciona es que debes merecer a tu pareja. No estoy diciendo que tengas que poseer las características exactas de la pareja que te gustaría tener. De hecho, con frecuencia atraemos a quienes tienen cualidades que no tenemos, y nos equilibran. Si no eres una gran belleza o un hombre guapo y varonil, eso no significa que no puedas atraer a una gran belleza o a un hombre guapo y varonil. Pero debes tener otras buenas cualidades e intereses en común que atraigan a tu vida a esa clase de persona y la mantengan a tu lado.

La atracción no es amor

Muchos de nosotros no estamos conscientes de por qué nos atraen ciertas personas. Como escribí antes, tu concepto de pareja ideal se formó conforme experimentabas tus propias relaciones y observabas las de otros. Probablemente has visto otras relaciones que te gustaría tener y de seguro has visto a otras que te alegra no tener. También has retomado ideas sobre la pareja "ideal" de tu familia o de cosas que has leído o visto en los medios. Éstas ideas están sobre todo en nuestro subconsciente y no estamos conscientes de tenerlas.

Cuando ves a alguien y sientes atracción, es porque su imagen se asemeja a la que tienes en tu mente subconsciente. Conforme conoces más el carácter de alguien, te atraerá más o te repelerá debido a las experiencias que hayas tenido en tu vida y las lecciones que hayas aprendido.

El problema de guiarnos sólo por la atracción es que las relaciones generalmente terminan cuando la atracción se acaba. Como indicó Montaigne, pensador renacentista del siglo dieciséis: "No veo matrimonios que terminen antes que aquellos que se contrajeron debido a la belleza y al deseo amoroso." La atracción no es amor. La atracción florece al principio de una relación por atracción física o atracción sexual o porque cierta necesidad se está satisfaciendo, pero esos impulsos se agotarán, algunos pronto y otros después. Aunque seas una persona divertida, eso por sí solo no basta para mantener a tu pareja.

A veces la gente se junta gracias a un interés que comparte en determinado momento de su vida. Pero, ¿qué pasa cuando ese propósito se ha alcanzado o cuando ya no pueden buscar juntos ese propósito en común? ¿Qué pasa si a un miembro de la pareja deja de interesarle esa meta?

Digamos, por ejemplo, que tu pareja y tú se atrajeron principalmente porque compartían una intensa pasión por escalar rocas o por bucear. Tras casarse, pierdes interés por escalar rocas, por bucear y ya no realizas esa actividad con tu pareja. Si ése es el único lazo que comparten, los dos pueden separarse emocionalmente y acabar la relación.

Así que si formas una relación basada en un propósito común y esperas que dure sólo a partir de eso, te puedes decepcionar, pues una vez que se ha logrado el propósito, a menos que surja uno nuevo que los ate, lo más probable es que la relación acabe. La gente que vivió hace miles de años sabía esta verdad esencial que fue enseñada en el *I Ching*: "Una relación formada con base en un interés en común sólo dura mientras dure el interés en común." Para tener una relación perdurable de alta calidad, debes poder ir más allá de las atracciones que inicialmente los juntaron y establecer metas a largo plazo que sirvan para preservar la relación.

Al principio de la relación y a lo largo de ella, debes construir intereses en común con tu pareja. Involúcrate en su vida. No seas un espectador. Si esos lazos duraderos están ausentes de tu relación, encuentra pronto unas metas en común. Interesarte por la vida personal de tu pareja es una de las mejores formas de encontrar algo que llevará a ambos más allá de la atracción inicial. Por ejemplo, descubre cómo puedes ayudar a tu pareja en un negocio, un proyecto, un pasatiempo o un deporte. Quizá puedas hacer amistad con la familia de tu pareja o con sus amigos, o ayudarle a tu pareja a cumplir un deseo de hace mucho tiempo. Para descubrir cuál podría ser esa área de interés, habla con tu pareja acerca de sus ilusiones, sueños, aspiraciones y planes. Ve cómo podrías integrarte a ellos.

Pasos a seguir para la Ley 7

EL PODER DE APRENDER DE TU PAREJA

> No existen los errores. Los sucesos que atraemos, sin importar lo desagradables que sean, son necesarios para aprender lo que tenemos que aprender.
>
> RICHARD BACH (1936-)

En cada relación, hay épocas buenas y no tan buenas. Habrá recompensas y problemas, alegría e infelicidad. En medio de todo esto, cada uno está puliendo al otro. Aprenderán uno del otro, cambiarán al otro y cristalizarán el plan universal para el otro. El aprendizaje continuará conforme sigan juntos.

He aquí una frase para reflexionar y adoptarla como propia: "Estoy en la vida de mi pareja y mi pareja está en mi vida para el propósito específico de perfeccionarnos como seres humanos y divertirnos mientras sucede."

A veces este proceso no parece divertido, pero recuerda que a veces los tiempos difíciles son los tiempos más productivos. Siempre considera lo que suceda en tu relación como una oportunidad para aprender.

Ahora tómate unos minutos para pensar acerca de tu relación actual, en la persona con la que estás, en cómo se tratan y en cómo te sientes respecto a tu relación. Luego piensa que tu relación llena tu necesidad de aprender y crecer, y responde estas preguntas:

- ¿Qué me está enseñado mi pareja (por medio de sus palabras, actos o ejemplos) que necesito aprender para evolucionar en esta fase de mi vida?
- ¿Cómo le estoy dando a mi pareja lo que más necesita aprender para crecer?

Cuando usas lo que sucede en tu relación para reflexionar y ajustar tu comportamiento, no sólo aprendes y evolucionas como persona, sino que además te vuelves capaz de construir una mejor relación.

LEY 8

Si quieres ser amado, ámate

> Uno debe aprender a amarse... con un amor saludable y sano... de todas las artes es la más fina, sutil, determinante y paciente.
>
> FRIEDRICH NIETZCHE (1844-1900)

Si no te tratas con amor y respeto, como si fueras alguien digno de ser amado y respetado, ¿cómo puedes esperar que los demás te traten así? Amarte tiene que ver con la imagen que tengas en la mente sobre quién crees que eres, de tu autoimagen. Recuerda cualquier situación dentro de una relación: cómo actúas en una primera cita, cómo le expresas o no le expresas a tu pareja tus necesidades o cómo reaccionas o te molestas ante una crítica que percibes. Puedes estar seguro de que tu autoimagen tiene algo que ver con el resultado que experimentas. Si no has tomado tiempo para crearte una maravillosa autoimagen, lo más probable es que hayas tenido menos, sido menos, y hecho menos de lo que te era posible. Puedes aprender a amarte, lo cual, a su vez, hará que tu pareja te ame. Puedes mejorar tu autoimagen en cualquier momento, incluyendo éste.

Cuando hablo acerca de amarse uno mismo, no estoy hablando de volverse como Narciso, el joven extremadamente guapo pero presumido de la mitología griega, que se enamora tanto de su propio reflejo en un río que no se puede ir, y por ende se queda ahí hasta morir. El amor del que hablo no tiene nada que ver con estar tan ensimismado con tus propios logros y éxitos, que te vuelvas egocéntrico, o presumir acerca de parientes, conocidos o amigos exitosos. Y no tiene nada que ver con belleza física o estatus social. Más bien, el amor del que hablo es el aprecio que tengas por algunas de tus cualidades personales que reflejen integridad de carácter.

Si no eres un admirador de ti mismo, es porque tu autoimagen está dañada. Tú conoces tus secretos más ocultos. Si lo que sabes de ti te hace pensar mal de ti es por todas las cosas que has hecho o dejado de hacer. Quizá sepas que eres cruel, desconsiderado, mentiroso, poco confiable, duro o egoísta. Quizá tengas pensamientos impuros o deseos no apropiados para una persona con altos valores. Quizá pienses que no eres una gran belleza, un buen conversador o un pensador rápido. Quizá no has logrado salir adelante en la vida y te sientes poco exitoso. Las implicaciones de la persona que crees ser son muchas.

"Quien crees ser"

Cuando entras a un salón y conoces a alguien por primera vez, quien en realidad entra al salón y quien habla y actúa es "quien crees ser". Si no te tienes en alta estima, se lo proyectas a la persona cuando la conoces. Una autoimagen dañada te hará jorobarte, dudar en conocer a otros, evitar ver a la gente a los ojos, ser poco asertivo o mostrar indecisión. Por otro lado, una autoimagen sana te hará caminar erguido, hablar con seguridad, ser extrovertido y proyectar dignidad.

Si se te dificulta hacer amigos, es porque "quien crees ser" se está manifestando. Si se te dificulta triunfar en el trabajo, es porque los que te rodean están reaccionando a "quien crees ser". Si se te dificulta encontrar a alguien para tener una relación, o no puedes crear una relación amorosa en la que te sientas valorado, lo más probable es que tu autoimagen esté dañada y se manifiesta de esa manera para obstaculizar tu meta.

Como ejemplo sencillo, digamos que una mañana te levantas tarde y tienes gran prisa por llegar a una cita con un amigo que no has visto desde hace mucho. No tienes tiempo de completar tu rutina matutina para verte presentable, y te pones la ropa de ayer, arrugada y manchada. Con cabello sin cepillar, sales corriendo por la puerta para llegar a tu reunión, aunque sabes que de todas formas vas a llegar tarde. Cuando llegas al lugar donde se quedaron de ver, encuentras que tu amigo no ha llegado. Mientras te sientas en un mesa a esperar, notas que justo en la mesa de al lado está la persona de tus sueños.

La persona te voltea a ver. Sabes que luces terrible, con ropa que no combina y puesta a la carrera, cabello sin cepillar, en definitiva no estás en tu mejor momento. "¡Oh, Dios!", piensas, "Aquí estoy, al lado de la persona que podría ser mi pareja ideal y me veo fatal". Te pones nervioso, te retuerces en tu asiento y te gustaría estar en cualquier lado, excepto donde estás sentado y con el aspecto que tienes. Sobra decir que tu autoimagen en ese momento no te conducirá a iniciar una maravillosa charla, y lo más probable es que causes una mala primera impresión.

Compara eso con este otro escenario. Sabes que tienes una cita en la mañana para verte con tu amigo. Así que te duermes a buena hora, te levantas temprano y eliges un atuendo que te sienta de maravilla. Te arreglas de forma impecable y te diriges al encuentro. Llegas un poco antes de la hora acordada, y al sentarte ves que a tu lado está tu pareja de ensueño. Puedes imaginar la diferencia entre los dos estados de ánimo: cuando te sientes desarreglado y angustiado o cuando estás vestido a la perfección y te sientes muy bien respecto a ti mismo.

En esencia, la forma en que te sientes respecto a ti mismo se manifestará en muchas formas, de hecho, en todas las formas posibles. Se reflejará en la forma en que le das la mano a alguien al saludar, en cómo miras a los ojos, en la manera que caminas, en cómo te adentras a un salón lleno de gente y en lo que piensas de ti mismo al mirarte al espejo. También se manifestará cuando conozcas a la persona de tus sueños. Hay ayuda para tu autoimagen arruinada, y más adelante, en este capítulo, te ofreceré una poderosa técnica para mejorar dramáticamente tu autoimagen. Pero por ahora basta saber que debes cambiar tus sentimientos negativos respecto a ti mismo si esperas ser amado.

Las raíces de tu autoimagen

Escribí antes acerca de cómo las creencias que tienes respecto a la vida, es decir, tu filosofía personal, afectan tus relaciones. No sólo las creencias respecto al funcionamiento del mundo moldean tu vida y tus relaciones. Las creencias que tienes respecto de ti mismo, de lo que eres capaz y de lo que mereces también son importantes.

En el momento en que tu cerebro empezó a funcionar, comenzaste a construir esa imagen de quién eres y qué crees ser. Todos los eventos de tu vida han ayudado a crear la imagen de "quien crees ser". Quizá tu padre o tu madre te dijeron desde que eras muy pequeño: "Eres maravilloso y te amo." Estas palabras se quedarán en tu memoria, proporcionándote esta información sin importar lo que te llegue a pasar. Cada vez que alguien te critique, las palabras de tus papás estarán ahí: "Eres maravilloso y te amo." Es afortunado el niño que recibe esa clase de construcción positiva de autoimagen.

Por otro lado, puedes haber tenido experiencias que te reforzaron la creencia opuesta. Quizá cuando eras niño te dieron un juguete nuevo que rompiste poco después de recibirlo y tu papá o mamá, o quien te dio el regalo, exclamó: "¡Eres tan torpe!" Esa crítica te pudo haber lastimado. Quizá pensaste mucho en ella. Quizá la siguiente semana chocaste contra una mesa, tiraste una lámpara y se rompió. Tal vez alguien vio el incidente y dijo: "¡Fíjate lo que haces, torpe!"

Después, cuando algo se te cayó o te lastimaste, pensaste: "Soy tan torpe." Aunque hayan pasado muchos años y se te hayan olvidado ya los incidentes originales, esas palabras siguen ahí y te alimentan desde un nivel subconsciente. Dicen: "Soy torpe."

Tus padres o los principales responsables de ti no fueron los únicos que contribuyeron a crear tu autoimagen.

Varios niños, tus hermanos, los amigos y otros adultos participaron en la construcción de tu imagen. Piensa por un momento que, al estar en segundo grado, te atrajera el niño o la niña de dulces ojos cafés. Imagina que te hubieras acercado y con gran timidez le hubieras dicho: "¿Quieres comer tu *lunch* conmigo?", y que te respondiera: "¿Qué? ¿Comer mi *lunch* con alguien horrible como tú? ¡Preferiría comer con un sapo!" Te regresas discretamente a tu asiento, esperando que nadie hubiera escuchado el comentario. Pero la pena y el dolor quedaron marcados en tu mente. Empezaste a formar una imagen de ti mismo a partir de lo que apreciaron los ojos de la persona que hizo el comentario.

Probablemente pasó mucho tiempo antes de que volvieras a intentar algo como eso. Imagina la siguiente vez que intentas hacer lo mismo, quizá varios años después, y con otra persona. Quizá hubieras dicho: "Ah, bueno, mmm, yo, ah, me preguntaba si quisieras, ah, quizá, mmm, bueno, ya sabes, comer tu *lunch* conmigo?" Quizá la persona se rió de ti y dijo burlonamente: "¡Tonto! ¡No, gracias!" La imagen de ti mismo, formada a partir de la primera experiencia, influyó en la forma que actuaste la segunda vez, la cual, a su vez, ayudó a crear la segunda respuesta cruel, por lo que se refuerza y solidifica tu autoimagen negativa.

Tras dos eventos tan agresivos y formadores de imagen, es poco probable que volvieras a hacer otro intento en muchos años. Para entonces, aunque esos dos sucesos se hubieran borrado de tu memoria, la imagen que crearon seguiría alimentándote a nivel subconsciente, aún tendría influencia en tu manera de actuar y continuaría siendo parte importante de "quien crees ser".

Probablemente te puedas imaginar cómo es que esta clase de experiencia afecta tus relaciones. Estoy seguro de que tienes tus propias historias: ocasiones en las que estuviste apenado, en las que se burlaron de ti, en las que te sentiste inadecuado. Es básico recordar que la esencia de quien eres no es lo que otras personas digan que eres, y ni siquiera lo que tú crees ser en este momento. En realidad, eres el hijo indestructible de un magnífico universo. El simple hecho de ser parte del universo es el más grande honor que alguien puede recibir. Has sido elegido, elegido para existir, elegido para estar aquí en este momento en que puedes llegar a tener la mejor relación posible. El universo es magnífico y tú también. Trabaja con ese concepto. Lo debes sentir, creer y saber en lo más profundo de tu corazón.

La idea de que las personas no son perfectas ha dado lugar al dicho: "Bueno, sólo soy humano", queriendo decir que sólo somos seres humanos y cometemos errores. ¿Sólo humanos? ¡Qué despectivo! ¿Qué tal, maravillosamente humanos, fabulosamente humanos, estupendamente humanos, milagrosamente humanos, fantásticamente humanos, fenomenalmente humanos, *gloriosamente* humanos? ¿Aprendiste de tus errores? Por supuesto que sí. Pero la mayoría del tiempo la gente destaca tu "error" en lugar de la lección que produjo.

Lo que generalmente escuchaste cuando estabas creciendo era: "Estás equivocado", como si hubiera algo malo *contigo.* La gente de tu vida probablemente no dijo: "Eso fue un error, pero eres un ser perfecto que está aprendiendo a usar su cuerpo y cerebro, lo cual se logra practicando. Y al hacerlo, cometerás lo que parecen errores y fallas, pero eres un ser perfecto que evoluciona al ir en su propio camino; la desilusión, el pesar y hasta la adicción no son irreversibles." Una de nuestras clientas en el Centro para la Cura de Adicciones Passages, Simone, de treinta y un años, se creía poco atractiva, colgaba la cabeza la mayoría del tiempo, se jorobaba y echaba los hombros hacia adelante para ocultar su busto bien desarrollado. Se dejaba el pelo largo y lo dejaba colgar de modo que escondiera buena parte de su cara; decía que se le dificultaba interactuar con la gente.

Sus padres, quienes creían que Simone era poco atractiva, eran los principales responsables de crear su mala autoimagen. A su madre le gustaba decir: "Simone, vas a tener que aprender a complacer a la gente con tu personalidad, porque tu apariencia no sirve de mucho." Cuando Simone tenía nueve años, su padre le dijo: "Simone, no te sientas mal de no ser tan bonita como las otras niñas de tu clase. Papi de todas maneras te quiere." ¡Comentarios que debilitan!

Cuando sus padres llamaron a Passages en Malibú, yo tomé la llamada. Me dijeron que el principal problema de su hija era ser fea y saberlo. Me sorprendí entonces cuando conocí a Simone, pues me pareció bastante hermosa. Tras dos semanas en Passages, sus terapeutas fueron a verme y dijeron que sabían cuál era el problema, aunque no estaban logrando ningún progreso con ella y querían saber si los podría ayudar. Acepté hablar con ella.

–No es mi culpa ser fea –se lamentó durante ese primer encuentro conmigo.

–Simone, eres una de las mujeres más hermosas que he visto –respondí.

–Por favor, no se burle de mí –dijo.

–Simone, mírame –insistí.

Me miró de manera titubeante y luego bajó la mirada.

—Simone –dije–, por favor, mírame a los ojos y no te voltees.

Tardó algunos minutos, pero finalmente lo hizo.

–Simone, te juro que eres una de las chicas más hermosas que he visto.

Le pedí que se parara junto a un espejo, a mi lado. Ella dudaba, pero insistí. Mientras estábamos juntos frente al espejo, pedí que se mirara. Dijo que no quería, pero le supliqué que lo hiciera sólo una vez por mí. Le dije que se parara derecha, y luego tomé el cabello que cubría su cara y lo acomodé encima de su cabeza. Le pedí que sonriera. La diferencia era tan asombrosa que hasta ella la podía ver. El mes de tratamiento que Simone tuvo en Passages fue duro, e inicialmente penoso para ella, pero siguió el consejo de nuestros terapeutas, mantuvo su cabello recogido para no cubrir su cara, aprendió acerca de maquillaje, sostuvo un palo de escoba tras los hombros para enderezar su postura y se vistió de una manera que realzaba su gran belleza. Cuando dejó Passages, se veía y sentía como la mujer radiante que en realidad era, como si hubiera renacido, lo cual de hecho había pasado.

Cuando sus padres llegaron a recogerla, yo estaba por ahí y vi que su madre se quedó boquiabierta. Se llevó la mano a la mejilla y dijo: "Oh, Dios." No podía creer lo que veía. Su hija, a quien consideraba fea, estaba parada ante ella, tan hermosa como cualquiera quisiera ser. Durante la semana final del tratamiento, la ayudamos principalmente a perdonar a sus padres por la injusticia que le habían hecho. Después, Simone se mudó a Malibú y se convirtió en modelo exitosa. Si pudieras ver la diferencia entre la mujer que entró a Passages y la mujer que salió de ahí un mes después, entenderías lo crucial que es tener una buena autoimagen.

Constrúyete como quieras ser

En las siguientes páginas te propongo un ejercicio sencillo que te ayudará a crear una maravillosa autoimagen, que a su vez te ayudará a crear la relación que deseas. El ejercicio proviene de otro libro que escribí titulado *Sé quien quieres ser y obtén lo que quieres tener.* Pruébalo conforme leas esto. Puedes regresar a este ejercicio tan seguido como quieras o necesites. En este ejercicio, viajarás a lo que se llama el nivel alfa, donde usarás tu imaginación para crear una imagen de ti mismo que sobrepasará a la que actualmente tienes en el subconsciente: la de "quien crees ser". Tu nueva imagen es la de "quien quieres ser". La primera parte del título del libro de donde sale esta meditación es *Sé quien quieres ser*. Este ejercicio juega una parte importante en la posibilidad de lograrlo. Una vez que se hace, la segunda parte del título *Obtén lo que quieres tener*, llegará de manera natural.

Sin estar consciente, la mayor parte de tu vida has luchado por vivir como un ser perfecto, al tiempo que te esfuerzas por sobreponerte a los efectos negativos de la imagen "dada por hecho" que imprimieron en tu mente padres, maestros, amigos y hasta tú mismo conforme empezaste a creer las cosas negativas que decían de ti. Vas a finalizar esa lucha cuando crees una nueva imagen que haga juego con tu imagen perfecta.

El nivel alfa es un estado mental muy relajado. Pasas por el nivel alfa justo antes de dormir y justo al despertar. Cuando estás en ese estado adormilado, pero casi despierto, estás en el nivel alfa. En ese nivel, estás muy abierto a la sugestión. Cuando mentalmente estás en el nivel alfa, todo puede ser justo como lo deseas e imaginas. Una vez ahí, te encontrarás con tu imagen perfecta subconsciente, y la experimentaras con tu mente consciente; cuando eso suceda, tu mente consciente recibirá una poderosa influencia de la experiencia. Empieza a actuar como actuaría tu imagen perfecta si ésta fuera la única imagen que tuvieras de ti mismo. Al actuar como tu imagen perfecta, naturalmente atraerás nuevos y diferentes resultados que tu antigua y dañada imagen no producía. Te verás a ti mismo en la forma que deberías ser, en la forma que ya existes a nivel subconsciente, donde está tu "imagen perfecta".

Esto significa que verás perfectas todas tus facetas: tu yo físico, tu yo laboral, tu yo social, tu yo estudiante, y todos los demás "yos" que te componen. Saturarás la parte de tu mente que constituye el consciente con imágenes subconscientes de tu ser perfecto. Vas a sustituir la imagen dañada que tienes de ti mismo por una maravillosa y brillante imagen que es el verdadero tú.

Los resultados de esto te harán sentir inmensamente mejor respecto de ti mismo, actuarás a partir del nivel profundo de la imagen perfecta de tu subconsciente y, desde luego, producirás resultados que vayan de acuerdo con tu imagen perfecta. Esta es una de las maneras poderosamente efectivas con las que te convertirás en quien desees. Una vez que lo hayas logrado, ¿puedes imaginar que tu yo perfecto te traerá también lo que *tú quieres*? ¡Por supuesto que sí!

Conforme experimentas la jornada rumbo al nivel alfa y lees las siguientes páginas, disfruta del lujo de relajarte. Permítete fluir con las palabras. Lee lentamente, y conforme aparezcan las palabras, haz pausas frecuentes y dale rienda suelta a tu imaginación. Al principio, esto requiere de gran concentración, pues los pensamientos del día se introducen en tu proceso de pensamiento. Aleja de manera consciente estos pensamientos y fija tu atención en lo que estás haciendo.

Ayuda tener música suave, sin letra, a un volumen bajo en el fondo. Las flautas son una buena elección. Si eliges poner música, revisa que la grabación dure al menos tanto como tu jornada, quizá veinte minutos.

En el nivel alfa, verás las cosas de cierta manera. Pero cualquier forma en que las veas es correcta. Por ejemplo, si escuchas que debes imaginar escalones dorados, cualquier clase de escalera, de cualquier forma que imagines, es correcta. Puede subirse por ella rápido o despacio. Lo que visualices es correcto para ti. Si escuchas que debes imaginarte un estanque, el estanque puede ser tan ancho como una calle o tan ancho como un campo de futbol americano. Lo que veas es correcto para ti.

Puedes pensar que estás visualizando tu imagen perfecta con tu imaginación. No es así. De hecho, estás trayendo tu imagen perfecta desde la Fuente de todo-lo-que-es, donde ya existe. Lo mismo es cierto para los campos, el estanque, las rocas, las flores, la cascada y otras partes de tu lugar ideal de relajación que vas a traer desde la Fuente. Le pongo mayúscula a Fuente para ayudarte a tener en mente que tu Fuente es el universo totalmente consciente. No estás solo, el universo está consciente de tu búsqueda. Está consciente de lo que estás haciendo ahora. Te ayudará.

Si vas a poner música suave, es el momento de hacerlo. Apaga los teléfonos y la tele, y protégete contra interrupciones. No opongas resistencia a este ejercicio. Permite que tu mente divague libremente en el mundo perfecto de tu imaginación. No te reprimas.

Reflexiona sobre el tú perfecto

Para iniciar esta travesía reveladora, ubica una silla cómoda y relájate. Exhala lentamente el aire de tus pulmones; ahora inhala con gran lentitud. Lentamente llena tus pulmones al máximo y ahora contén la respiración por unos tres o cuatro segundos. Exhala lentamente, mientras repites tres veces en tu mente la palabra *relájate*. Cuando tus pulmones estén sin aire de nuevo, aguarda tranquilamente por un momento.

Una vez más, con lentitud inhala y llena tus pulmones al máximo. Espera un momento y luego exhala pausadamente, mientras repites tres veces mentalmente la palabra *relájate*. Experimenta qué buena sensación es estar tan relajado. Siente cómo se relajan tus párpados. Mueve la cabeza de lado a lado y siente cómo se relajan tus músculos del cuello. Permite que esta sensación flote lentamente hacia abajo y relaje tu cuerpo entero.

Conforme nombre cada parte de tu cuerpo, tensa por un momento los músculos de esa área y luego relájalos. Ahora siente cómo se relajan tus músculos faciales... tus hombros... tu pecho... tu espalda... tus brazos... tus muñecas... tus manos y dedos... tu cintura... tus caderas y muslos... tus rodillas... las pantorrillas de tus piernas... tus tobillos... tus pies y los dedos de los pies.

Lentamente saca todo el aire de tus pulmones y no respires por unos tres o cuatro segundos. Ahora, lenta, lentamente inhala y llena tus pulmones al máximo. Contén el aire por unos tres o cuatro segundos y luego exhala poco a poco mientras repites tres veces la palabra *relájate*.

Lee lentamente. Ahora que estás respirando más despacio, estás listo para experimentar un nivel mental más profundo y relajado. Cuenta del diez al uno en tu mente. Asigna un número para cada aspiración y un número para cada exhalación.

Con cada número descendente, siente cómo te relajas más y más conforme tus ciclos mentales se alentan hasta llegar al estado que hay justo antes de dormir. Diez, nueve, ocho... un respiro por cada número, descendiendo lentamente, descendiendo, descendiendo. Siete, seis, cinco... como una pluma que flota lentamente hacia abajo, cuatro, tres... abajo y abajo, dos, uno.

Ahora estás en un nivel mental profundo y relajado, estás más calmado y en paz. Usa este profundo nivel mental para llegar a otro nivel más profundo y más relajado. Lentamente saca todo el aire de tus pulmones y aguanta así por un momento. Despacio, inhala de nuevo y llena tus pulmones de aire, mantente así por un momento. Ahora exhala lentamente, yendo más y más profundo, hasta el nivel mental que hay justamente antes del sueño.

Este es el nivel en el que todas las cosas son exactamente como las deseas. Este es el nivel de poder donde siempre estás en completo control.

Ahora imagina prados cubiertos con exuberante pasto verde. Con el ojo de tu mente, observa flores hermosas de muchos colores por todos lados. El sol está brillando tenue. Sopla una suave brisa que mueve el pasto con gentileza. Hay algunas rocas grandes e invitantes, hay aves que vuelan y cantan, algunas mariposas flotan delicadamente en la brisa. Qué lugar tan perfecto es éste. Experimenta lo que se siente estar en este prado.

En el centro del prado hay un estanque. Unos árboles lo bordean. Algunas de sus ramas cuelgan con gracia y tocan el agua. Camina hacia el estanque y mira el agua cristalina. Ve cómo nadan unos pequeños peces coloridos, peces amigables. Mira cómo crecen unos juncos a los lados del estanque y observa una pequeña isla en el centro.

Del otro lado del estanque hay una cascada de unos tres metros que es mágica, y cuyas aguas provienen de la Fuente de todas las cosas. Mira cómo el agua se precipita por la orilla y hacia el estanque. Observa la luz del sol brillar sobre el agua y el arcoíris que se crea conforme las gotas se esparcen con el viento. Camina hacia la cascada y siente el rocío. La temperatura es ideal. Ahora deja que tu ropa desaparezca y adéntrate bajo la suave cascada. Tiene precisamente la temperatura correcta. ¡Ah, qué bien se siente!

Mentalmente pon las manos en la cabeza y date la vuelta. Siente cómo el agua cae por tus manos y brazos, por tu cabeza y tus hombros, por tu pecho y espalda, refrescándote, limpiándote, llevándose todo aquello de lo que te quieres deshacer. Siente esas aguas mágicas y cómo se llevan tu cansancio. Imagina el cansancio como si fuera polvo que es limpiado. Quedas fuerte y refrescado, reanimado y vivo.

Siente cómo el agua mágica lava todos los sentimientos de resentimiento y frustración, los disuelve y ellos flotan lejos de ti, expulsados por la cascada. Permite que te lave de toda la culpabilidad y la ansiedad, de todos los sentimientos pecaminosos y depresivos. Imagina todo eso como si fuera polvo que es lavado por las poderosas aguas y quedas limpio, entero, puro, inocente, noble y libre.

Estas aguas mágicas sanan todo tipo de enfermedades. Ríndete ante el poder curativo de esta cascada mágica. Siente las características curativas del agua conforme ésta cae sobre ti. Puedes respirar dentro de esta agua. Respira ahora en esta agua. Siente el agua mientras pasa por tu cuerpo, purificando cada célula, cada hueso, cada órgano, haciéndolos que brillen y tengan destellos de salud y vitalidad. Siente la asombrosa agua que cae sobre tu cuerpo, levantándote el ánimo y llenándote de su poder. Siente cómo la cascada lava todo lo que deseas que se vaya y te deja puro y limpio. Ahora respira profundo por la nariz y expulsa rápido el aire por la boca mientras haces un sonido de exhalación. Ahora hazlo de nuevo.

Sal de la cascada y párate junto al estanque. Siente cómo te calienta el sol con suavidad, te limpia y purifica. Siente cómo sus rayos brillan a través de ti y te llenan con su resplandor, lo cual hace que brilles con destellos. Siente cómo el viento te seca con suavidad, sanándote y haciendo que te sientas ligero y libre. Ahora imagina que eres vestido con una suave bata blanca, ligera y lujosa.

Mentalmente crea un asiento para ti. Puede ser de cualquier material que te guste: madera, tela, incluso aire. Para ti, es el lugar más cómodo del mundo. Acomódate ahora en el asiento y relájate. Siente qué tan absolutamente cómodo es, qué perfecto. Observa el cielo azul, una que otra nube blanca esponjosa y aves que pasan volando. Todo es exactamente de la forma en que quieres que sea. Has traído este lugar desde la Fuente de todo lo que existe y es realmente tuyo. Aquí tú decides cómo va a ser todo. Aquí estás plenamente al mando.

Ahora trae la imagen de tu ser perfecto. Mírate exactamente como quisieras ser. Visualiza tu imagen perfecta parada, viendo hacia ti, aproximadamente a metro y medio de distancia, vestida con una bata blanca igual a la tuya. Visualiza todo lo que quieres llegar a ser. Ve qué natural luces. Mira tu cabello, ve de qué color es. Mira tu piel y nota su textura. Que tu imagen perfecta levante las manos por encima de la cabeza y se dé la vuelta. Mira con cuidado la parte trasera de tu imagen. Que tu imagen siga dando la vuelta hasta de que nuevo esté de frente a ti. Qué elegante. Qué porte tiene.

Levántate de tu asiento y camina hacia tu imagen perfecta. Mírala a los ojos. Ve qué brillantes son. Sonríe a tu imagen perfecta y ve cómo sonríe de vuelta. Tu imagen perfecta sabe todo lo que hay que saber sobre ti, y te ama incondicionalmente.

Cada quien extienda su brazo derecho hasta sujetar la muñeca del otro. Siente cómo la energía y el poder dejan a tu imagen perfecta y se pasan hacia ti. Percibe que brillas. Mira cómo brilla tu imagen perfecta. Suelten sus muñecas y mira cómo tu imagen perfecta se da vuelta. Camina hacia tu imagen perfecta y entra en ella de un paso, integrándote así en ella.

Ahora, como si fueras tu imagen perfecta, sube las manos por encima de la cabeza y date la vuelta. Ve qué maravilloso se siente. Qué elegante. Baila un poco. ¡Qué ligero y fuere! Camina hacia tu asiento más cómodo y descansa un momento, como si fueras tu imagen perfecta. Qué buena sensación. Qué relajado y en control estás. Este es el verdadero tú.

Con voz susurrante, repite las siguientes frases:

De este momento en adelante, estoy en control de toda situación. Siempre sabré las palabras correctas que hay que decir. Siempre sabré exactamente cuál es la acción correcta que hay que tomar, y así es. Ahora obtengo maravillosamente buena salud. Poseeré todos los objetos que desee, y ahora tengo el poder y la sabiduría para lograrlo, y así es. Tendré paz y armonía en mi vida. Tendré amor en abundancia, y así es. Ahora aseguro tener derecho a estas cosas desde este momento en adelante.

Tómate unos minutos para crear en tu imaginación tu relación perfecta. Cierra los ojos y vela con gran detalle. Mira cómo interactúas con tu pareja. Experimenta lo que se siente ser plenamente amado y experimenta lo que se siente amar a tu pareja con plenitud. Siente el amor. Visualiza que te valoran, te cuidan, te nutren, te consienten y confían en ti, y que puedes confiar en tu pareja. Siente la confianza que se tienen, tanta que uno moriría por el otro. Visualiza que esto se da continuamente hasta el final de tus días. Disfruta tu relación perfecta ahora que finalmente la has experimentado. Debes saber que cualquier cosa favorable que hayas visualizado se encamina hacia ti es este momento, y así es.

Ahora que has visualizado lo que quieres, es tiempo de ascender hacia tu nueva vida. Del otro lado del estanque hay escalones con todo el poder, amor y paz que has visualizado para ti mismo en este lugar perfecto de poder y total relajación. Subirás por la escalera, dejando atrás todas las cosas que limpió la cascada y que se disolvieron hasta desaparecer. Eres libre. Eres puro. Estás completo. Eres noble. Eres poderoso. Eres una persona capaz de sentir amor y de aceptar que te amen. Ten esa imagen de ti mismo firmemente en el pensamiento.

Ahora, lentamente sube esa escalera dorada, con un paso por cada inhalación y un paso por cada exhalación. Uno, dos, tres, cuatro, cinco. Haz una pausa, date la vuelta y mira el paraíso que has creado para ti mismo. Mira el estanque, los árboles y las flores. Mira la cascada y el cielo azul. Un arcoíris magnífico va de un lado al otro. Ve cómo brilla y lanza destellos. Aquí, en este lugar perfecto, todo es de la manera que quieres.

Puedes regresar aquí cuando quieras. Con sólo desearlo, estarás aquí de inmediato. Puedes refrescarte en la cascada, lavar la fatiga, la frustración y cualquier otra cosa que quieres que se vaya. Puedes respirar y beber el agua curativa y llenarte de nobleza, poder y sanación. Puedes descansar en tu asiento y traer de la Fuente las cosas o eventos que deseas. Puedes revivir ideas e inspiración, y puedes crear posesiones o situaciones que deseas para ti.

En este lugar ideal, puedes hacer que tu imagen perfecta aparezca cuando quieras, para que una vez más se miren amorosamente y puedas ver cómo te has vuelto más similar a tu imagen perfecta cada vez que regresas. Lo más importante, refresca tu mente con imágenes de tu relación perfecta. Si te encuentras en un periodo difícil en tu relación, ve a tu lugar perfecto de relajación total y busca orientación. Aparta de tu mente los problemas y mira el escenario ideal que deseas. Deja que lleguen a ti las soluciones.

Ahora, como si fueras tu imagen perfecta, sigue subiendo las escaleras hasta tu conciencia habitual, inhalando al subir un escalón y exhalando al subir otro. Seis... sube con poder, nobleza y amor. Siete... siéntete refrescado. Ocho... siéntete muy calmado y en paz. Nueve... siéntete más alerta. Diez... siéntete muy descansado, como si hubieras dormido profundamente y muy bien. Ahora estás aquí, como tu imagen perfecta. Tu imagen perfecta no miente, no tiene malos hábitos, es totalmente poderosa, es completamente noble, es libre de hacer lo que elijas, es uno mismo con todo-lo-que-es, y te ama plenamente. Confía en que sabe lo que hay que hacer en toda situación. Confía en que sabrá cuidar de ti y de la gente que depende de ti. Confía en ella.

La jornada que acabas de realizar es un gran apoyo para convertirte en la persona que quieres ser y en traer hacia ti lo que quieres tener. Cuando bañas tu mente consciente en la imagen de tu ser perfecto, tu mente consciente se satura de los puntos a favor, las virtudes y los poderes de tu imagen perfecta. Pronto, a medida que sigas realizando este ejercicio, empezarás a actuar desde el nivel de tu imagen perfecta, y como consecuencia crearás resultados que estén a tono con tu imagen perfecta.

Al paso de las semanas podrás familiarizarte con tu imagen perfecta y, naturalmente y sin esfuerzo, empezarás a actuar como tu imagen perfecta. Cuando estés hablando con otra persona, llevando a cabo una tarea u ocupado con otras actividades, imagina que eres tu imagen perfecta y permítete ser así. Al ser "quien eres", creas tu realidad, instante tras instante. El universo siempre responde a quien estás siendo en un momento dado.

"Quien crees ser" cambiará mientras sigues este programa. Ahora está atravesando por el mismo proceso que una oruga cuando se transforma en mariposa. Deja que el proceso ocurra y vuela, cree que eres la persona extra especial que conoces en tu jornada en el nivel alfa, pues en ese nivel *eres* esa persona. Al experimentar tu imagen perfecta, trae eso a la superficie de tu vida y todo será distinto para ti: mucho mejor, mucho más brillante, mucho más sencillo y con muchas más posibilidades. Deja atrás todos los aspectos que no vayan con tu imagen perfecta, aspectos como miedo, fumar, alcohol, drogas, decir groserías, debilidad, mentir, mezquindad y todas las limitaciones u obstáculos que no te permiten alcanzar tus metas.

La imagen de "quien crees ser" ha existido desde el día que naciste. Tu imagen perfecta ha existido desde el inicio de los tiempos. Es la que resulta eterna. Está tan luminosa y fresca y poderosa como el primer día brillante del universo. Es totalmente poderosa. Eres tú.

Esta jornada y meditación también está disponible en audio para que simplemente puedas cerrar los ojos y dejar que mi voz te guíe por el camino de la restauración de tu autoimagen (visita www.powerpresspublishing.com para conocer más acerca del audio titulado *Meditación sobre el tú perfecto*, o sobre el libro *Sé quien quieres ser y obtén lo que quieres tener*).

Pasos a seguir para la Ley 8

EL PODER DE CUIDARTE A TI MISMO

Ámate primero y todo lo demás se acomoda.

Lucille Ball (1911-1989)

Para amarte a ti mismo, empieza por cuidarte. Atenderte física y emocionalmente tendrá grandes efectos en tu vida y en la vida de tu relación, pues quienes te rodean responden a la manera en la que te tratas a ti mismo.

Además del asunto de tu autoimagen, una razón importante para amarte es algo muy práctico. Cuando te amas, te cuidas. Y cuando estás en una relación, lo que hagas para cuidarte y fortalecerte, a su vez, alimentará y fortalecerá a tu pareja y tu relación.

Cuando estaba escribiendo este libro, le pedí a mi esposa Lyn, quien es doctora de medicina china tradicional, compartirme lo que pensaba eran los ingredientes clave para tener una relación exitosa. Una de las cosas que me dijo ejemplifica esto perfectamente: "Cuidar tu bienestar físico, mental y emocional es lo mismo que cuidar a tu pareja. Es la semilla de la habilidad de compartir felicidad", dijo. "Trabajar cada día para sacar lo mejor de ti es lo mismo que trabajar en tu relación. Representa los cimientos de tu relación y de tu futuro."

Si te estás preguntando por dónde empezar si quieres amarte más, inicia con la base del cuidado propio: tu cuerpo. Tu cuerpo, tu mente y tus emociones están interconectados. El estado de tu mente y tu ánimo afectan tu estado físico. De igual forma, el estado de tu cuerpo es un factor clave que afecta lo que piensas y cómo te sientes. Para ponerte en un estado mental sano, y atraer hacia ti los pensamientos sanos y amorosos de los demás, empieza por hacer ajustes en la manera en que tratas tu cuerpo y te cuidas.

- Pregúntate: ¿Qué puedo hacer esta semana para nutrir y cuidar mi cuerpo? Quizá debas comer alimentos sanos que te den energía en vez de hacerte sentir pesado, eliminar un producto o sustancia poco saludable de tu dieta o dormir más. Ubica un paso que hará que tu cuerpo se sienta más radiante y comprométete a seguirlo.
- Agrega ejercicio a tu día. Muévete. Baila, corre, trota, brinca. Haz ejercicios. Rebota, salta la cuerda. Nada. Haz lagartijas, elevaciones en una barra, abdominales. ¡Muévete! ¡Quédate sin aliento! Si no lo haces a diario, te estás perdiendo de uno de los mejores y más productivos aspectos de la vida. Puedes hacer que se involucre tu pareja en esta actividad. Y ríete mucho.

Ley 9

La felicidad que buscas
sólo puede provenir de tu interior

> Cada mañana cuando abro los ojos me digo a mí mismo: Yo, no los sucesos, soy quien tiene el poder de hacer que esté feliz o infeliz hoy. Puedo elegir lo que será. El ayer está muerto, el mañana no ha llegado. Sólo tengo un día, y lo pasaré feliz.
>
> GROUCHO MARX (1890-1977)

Mucha gente cree que si tan sólo pudiera conseguir a la pareja perfecta, la felicidad sería suya para siempre. Esa creencia es la razón por la cual puedes estar saltando de una relación a otra con los mismos resultados insatisfactorios o siempre enfocarte en algún comportamiento irritante de tu pareja, del cual te quejas. Si crees que la manera de componer tu relación es componer a tu pareja, es porque dependes de que tu relación te brinde felicidad. Las consecuencias de hacer esto son enormes. Cuando la sensación de felicidad y la alegría en tu rostro dependen de lo que tu pareja haga o deje de hacer, estarás feliz o triste conforme tu relación mejore o empeore, o conforme mejore o empeore el ánimo de tu pareja. Sólo hay una persona con la que puedes contar si se trata de hacerte feliz: tú.

Si examinas tus motivos para hacer algo, incluso buscar la relación de tus sueños, encontrarás que es porque crees que te hará feliz. Esto fue una de las lecciones más importantes que aprendí de los participantes en los talleres que impartí hace años. El primer día de cada taller les pregunté a todos por qué habían elegido las metas a conseguir en el taller. La respuesta siempre era la misma: "Porque me harán feliz." Todo el mundo buscaba felicidad. Una mujer dijo que no quería felicidad para sí misma, sino para sus hijos. Sin embargo, cuando le pregunté por qué, la respuesta fue: "Me traerá felicidad". Ese es el objetivo principal de todo el mundo en el planeta.

Le pregunté a una mujer que estaba asistiendo a mi taller con la esperanza de encontrar su relación ideal, que si estaba dispuesta a dejar esa búsqueda si le garantizaran felicidad absoluta por el resto de su vida. Me dijo que dejaría de buscar inmediatamente y con gusto. Pienso que así es también para ti. No escribo esto para disuadirte de tu meta de encontrar la relación ideal, sino para que estés consciente de que, en realidad, hay otro objetivo más elemental que es más importante para ti: obtener felicidad. Ese simple cambio de perspectiva puede hacer una enorme diferencia en tu relación.

Saber que la felicidad también es la meta de tu pareja te hará más fácil ayudarla a conseguirla, sobre todo si comunicas la nueva información que has obtenido. Por ejemplo, recuerda cuántas veces alguien ha hecho una petición, un comentario o un acto inusual, que haya hecho preguntarte: "¿En qué estaba pensando esa persona?" Bueno, ya lo sabes. Tu pareja, al igual que tú, está motivada por lo que cree que le traerá felicidad o le ayudará a evitar el dolor. Cuando entiendes esto y te pones en su lugar, puedes tener más compasión. Puedes no estar de acuerdo con lo que diga o haga, pero entenderás que su verdadera meta es la felicidad, y eso siempre te ayudará a llegar a un mejor resultado.

La única constante: tú

Aunque debas cuidar al máximo tus relaciones, recuerda que llegaste al mundo solo y te irás de él solo. En lugar de poner a tus relaciones la pesada carga de hacerte feliz, hazte feliz tú mismo con la calidad de tus propios pensamientos, al vivir en armonía con las verdades del universo y al alcanzar tu máximo potencial día tras día. Cuando hayas cumplido esa meta, no sólo estarás contento y en paz, sino que también podrás hacer feliz a tu pareja, pues estará en compañía de una persona feliz.

La verdad de que sólo tú puedes hacer que te sientas feliz o triste te faculta a ti, más que depender de algo externo, para conseguir la felicidad que buscas. Significa que tienes el control y que puedes cambiar tus circunstancias al hacer otras elecciones.

Míralo de esta manera: cada plan en el que participas, cada actividad en la vida, tiene una constante: tú. No quiero decir que siempre estés en el mismo estado, sino que siempre eres parte del plan. Todo lo demás viene y se va: amigos, padres, posesiones, condiciones, situaciones, socios, hasta relaciones. Por lo tanto, la verdadera felicidad proviene del componente que siempre está presente: tú.

Comprendo que si tu pareja está constantemente enojada, se te dificulte mantener un estado mental feliz. Sin embargo, debes hacerlo de todas formas. Hay un dicho antiguo que indica: "Los buenos modales funcionan hasta con gente irritable." Si no dejas que la molestia de otros afecte tu propia conducta agradable, no sólo estarás más feliz, sino que tu comportamiento agradable tendrá influencia en ellos. Tu éxito y tu felicidad están en ti. Una vez Helen Keller dijo: "Decídete a ser feliz, y tú y tu alegría formarán un resguardo invencible contra las dificultades." O como enseña el Dalái Lama: "La felicidad principalmente proviene de nuestra propia actitud, más que de factores externos. Si tu actitud mental es correcta, aunque estés en un ambiente hostil te sentirás feliz."

Asumir responsabilidad personal por sentirse feliz ante los eventos que siempre suceden en la vida sí requiere práctica. Por todo el condicionamiento que has recibido antes de esto, puede ser muy difícil hacer el cambio. Pero si tomas con seriedad esta verdad, que tienes el poder de elegir cómo te quieres sentir, y lo pones en práctica, conforme pasen los días te encontrarás con una vida cada vez más feliz, sonriendo más seguido.

Eres el portal a través del cual la vida se desarrolla. Todo lo que escuches, pruebes, huelas, veas o experimentes por cualquier medio en la vida se está desarrollando ante ti. Si puedes estar consciente de eso e intencionalmente elegir volverte el portal a través del cual la felicidad puede darse, será una alegría estar contigo, una alegría vivir contigo y una alegría poderte amar.

Cada uno debe caminar por su propia ruta

Hasta ahora he estado hablando de esta ley desde tu perspectiva, de cómo podrías estar responsabilizando de tu felicidad a tu pareja o subconscientemente culpando a otros por cómo te sientes. Pero lo opuesto también es verdad: no deberías ser el responsable de hacer feliz a tu pareja, al menos no todo el tiempo. Puedes hacerlo durante periodos cortos, pero la felicidad duradera es responsabilidad personal de cada quien. No se supone que debas ser un titiritero que mantenga feliz y sonriente a su títere haciendo un truco tras otro.

A veces, por la manera en que nos condicionaron, nos culpamos a nosotros mismos si nuestro matrimonio o relación no funciona, aunque hayamos hecho todo lo que estaba en nuestras manos para que sí funcionara. Incluso puedes descubrir que constantemente estabas tratando de adaptarte a la imagen que tu pareja tenía de cómo debería ser, lucir y actuar como su pareja ideal. Al hacer eso, quizá te estabas negando la realidad de quien querías ser, de quien en realidad eres, porque tenías la idea errónea de ser el responsable de la felicidad de tu pareja. En el otro extremo, puedes molestarte o enojarte con tu pareja, sin darte cuenta de que es porque te estás rebelando ante su expectativa de que necesitas hacer que esté feliz. Puedes ver cómo este concepto erróneo de que otros son los responsables de hacernos felices puede arruinar las relaciones.

Debes caminar por tu propio camino. Cada telaraña es distinta de otra. La cara de cada persona es distinta de todas las demás caras. Ninguna hoja es igual a otra. Cada copo de nieve es diferente a otro. Todo es distinto de todo lo demás; la diversificación en el universo es *total*.

Entonces, ¿no puedes deducir que el camino a la iluminación y lo que debes hacer para cumplir con tu propósito de estar aquí serán diferentes para cada persona, y deben ser diferentes? Estás destinado a caminar por tu propio camino, aunque sea al lado de otro, con quien tengas una relación. Esto significa que incluso dentro de tu relación debes responsabilizarte por ti mismo y mantener tu individualidad. Debes seguir siendo tú.

Pasos a seguir para la Ley 9

EL PODER DE ELEGIR SER FELIZ

> Mi filosofía es que no sólo eres responsable de tu vida, sino que hacer lo mejor que puedas en este momento te coloca en la mejor ubicación para el próximo momento.
>
> Oprah Winfrey (1954)

Aprender a vivir conforme a la verdad de que la felicidad que buscas sólo puede provenir de tu interior puede cambiar tu vida profundamente. Si descubres que culpas a tu pareja por cómo te sientes, estás de hecho, perdiendo la enorme oportunidad de tomar acción personalmente y así crear un cambio significativo en tu vida y dentro de tu relación.

El cambio empieza tras cobrar conciencia. He aquí algunas preguntas que te puedes hacer para reflexionar sobre tus propios hábitos relacionados con la felicidad.

- Cuando me siento molesto, deprimido o insatisfecho ¿culpo a mi pareja, a mis amigos, a mi familia o hasta a mis colegas o jefe, por hacer que me sienta de esa forma en vez de revisar que posiblemente necesito ajustar mis propios pensamientos, sentimientos y acciones?

- ¿Pienso que si mi pareja dejara de decir o hacer ciertas cosas mi vida sería mucho mejor?
- ¿Creo que no tener una pareja es una causa importante de mi infelicidad?

Si respondiste sí a cualquiera de estas preguntas, haz tu mejor esfuerzo por ajustar tus pensamientos de modo que asumas la responsabilidad por lo que estás sintiendo y des los pasos específicos para ponerte contento. La manera de ser feliz es *ser* feliz.

Puesto que eres una persona que piensa libremente, tienes el poder de elegir la forma en la que te quieres sentir. En todos los casos, si *eliges* ser feliz en vez de estar triste, enojado o herido, tras un día, una semana, un mes, un año o una vida verás que has pasado feliz una gran cantidad de tiempo.

Ley 10

Tu relación perdurará si la conviertes en tu prioridad principal

La perdurabilidad es la virtud más importante.

JAMES RUSSELL LOWELL (1819-1891)

Todas las relaciones corren el peligro de que surjan desacuerdos y malos entendidos que provoquen una separación. Ante estos peligros, si te permites ir con la corriente sin tener en mente la meta absoluta de la continuación de la relación, puedes descubrir que tu relación puede o no continuar, según lo que ese día disponga. Perdurar es continuar hasta el final, continuar incluso ante obstáculos, dolor, fatiga, oposición o penurias. La perdurabilidad es un estado que no se desgasta con nada. Al comprometerte a cumplir la meta de la perdurabilidad, la meta de mantener tu relación permanentemente, estás estableciendo una norma con la que debes evaluar todas tus acciones y decisiones.

Para disfrutar un estilo de vida con verdadero significado y producir una relación duradera, debes poner la continuación de tu relación por encima de todas las cosas. Digamos, por ejemplo, que tu pareja no haya aprendido o no le hayan enseñado a sentirse segura respecto a las relaciones. Y digamos que cuentas con una amistad con quien has tenido gran cercanía durante años. Imagina que tu pareja se siente amenazada por esa amistad y quiere que dejes de ver a esa persona. Quizá tu pareja tenga celos o sospeche que existe atracción entre ustedes, o piensa que la persona está influyendo de manera negativa en ti. Puede ser debido a una de varias razones distintas, ya sean reales o imaginarias. ¿Qué haces?

Si estás comprometido a lograr una relación perdurable, la decisión es clara: dejas de ver a tu amistad. No hace ninguna diferencia si lo que tu pareja siente tiene fundamento en la realidad o no. La meta es que sobreviva tu relación. Esto significa que con gusto, de buena gana y con tranquilidad debes dejar de inmediato la relación con tu amistad. Lo haces porque tomas *todas* las decisiones que evitan afectar tu relación para que ésta continúe y florezca.

Dale prioridad a tu relación

Probablemente llegarán a tu mente muchas razones por las que deberías seguir viendo a tu amistad. Puedes pensar: "Mi pareja está siendo poco razonable. Me está controlando de más. ¿Por qué debo sufrir yo si es mi pareja la que está celosa y paranoica?" Incluso puedes preguntarte: "Si tengo que dejar de ver a esta persona por la inseguridad de mi pareja, ¿vale la pena esta relación? Si cumplo con la petición de mi pareja y termino mi relación de amistad, ¿cuándo se detendrá esto? ¿Qué me va a pedir después?" O: "No es una petición justa, yo también tengo derechos. ¿Por qué todo lo que hago tiene que ser analizado con base en mi decisión de preservar y proteger la relación?"

Pero en realidad sólo existe una pregunta: "Si continúo viendo a la persona, ¿se dañará mi relación?". Si la respuesta es sí, ve con la persona, explica la situación y pon en pausa la relación de amistad con ella.

Todas las razones que llegarán a tu mente acerca de por qué los sentimientos de tu pareja no tienen validez o son injustos deben dejarse de lado, porque para que las relaciones perduren se requiere esa clase de compromiso, consideración y cuidado. ¿No te gustaría que alguien te tomara en cuenta de esta misma manera?

Se trata de un caso tan claro como la diferencia entre el blanco y negro, aquí no puede haber medias tintas. O le das absoluta prioridad a la relación o pones en riesgo tu relación. Si no haces caso a la petición de tu pareja, estarán infelices y discutirán. Los propios cimientos de la relación se sacudirán y dañarán.

Cuando estabas creciendo, quizá tu padre o tutor infringió poderosamente tus derechos como ser humano. Quizá juraste que no permitirías que esto te volviera a suceder, y aquí está, sucede de nuevo. Aunque sientas que estás luchando por tus derechos como individuo, el mensaje que recibe tu ser amado es que tu relación de amistad con esa persona, el principio por el que estás discutiendo, te resulta más importante que ella misma. Y esto, de hecho, sería verdad. En resumen, si insistes en ver a la persona, estarás violando una de las leyes del amor, y *sí* pagarás por ello.

Una vez que tu pareja sepa con certeza que tu relación con ella es el aspecto más importante de tu vida, y cuando se ha eliminado la supuesta amenaza, puedes *cuidadosamente* explorar la posibilidad de que el peligro que la persona provoca a la relación sólo está en la mente de tu pareja. Quizá después de que ella vea que no hay nada que temer puedas retomar la amistad con la persona y llevarla a conocer o pasar tiempo con tu pareja. Quizá todos se vuelvan amigos. Por otro lado, si te niegas a dejar de ver a la persona, como resultado de la ley natural, es muy posible que pierdas tu relación.

Decídete a proteger tu relación

Aquí hay otro ejemplo, uno que mencioné en la Ley 2. Imagina que recibes una oferta laboral que significaría que tendrías que pasar mucho tiempo lejos del hogar, y tu esposa se opone. ¿Qué haces? Incluso si tomar el trabajo parece esencial, no lo tomas. Si fueras a adoptar esta ley del amor de manera absoluta y tajante, ni siquiera una cuestión de supervivencia financiera sería pretexto para tomar una decisión que pusiera en riesgo tu relación.

Digamos que decides que quieres volver a la escuela para desarrollar una habilidad o un talento. Es un gran compromiso y, por lo tanto, tu esposa y quizá tus hijos tendrían que hacer algunos cambios y adaptarse a tu nuevo horario. Deberán responsabilizarse, por un tiempo, de más pendientes relacionados con el hogar. ¿Qué pasa si tu esposa se niega a aceptar la responsabilidad extra? ¿Qué haces? La respuesta es clara: tras revisar todas las posibilidades, si no encuentras una solución satisfactoria, debes, al menos temporalmente, despedirte de la idea de volver a la escuela. Una vez más, es un problema tan claro como la diferencia entre el blanco y el negro. Debes decidir si vas a arriesgar o a proteger tu relación.

Una situación que con frecuencia surge en las relaciones tiene que ver con la familia de uno u otro de los miembros de la pareja. Los parientes pueden arruinar una relación si se les permite. Supongamos que a alguien, o incluso que a varios integrantes de tu familia les desagrade tu pareja. Debes hacer tu mejor esfuerzo por sanar la relación entre tu familia y tu pareja. Sé creativo, prueba todo lo que se te ocurra para remediar la situación. Sin embargo, si al final no logras exitosamente traer paz entre ellos, tendrás que limitar de forma drástica tu asociación con tu familia o incluso dejarla de ver por completo. Es una decisión difícil, pero siempre debes proteger tu relación con la persona que amas y con quien elegiste pasar tu vida.

En resumen, todas las decisiones y acciones que vayan a afectar tu relación deben hacerse tras responder esta única pregunta: "¿La acción que estoy considerando realizar tendrá un efecto negativo en mi relación?" Si la respuesta es sí, no la hagas.

El criterio para aplicar es simplemente éste: debes poner la relación por encima de *todo* lo demás. Si todas las decisiones que tomes respecto a tu relación están hechas bajo el principio de que debe sobrevivir, la ley universal de causa y efecto de manera natural hará que tu relación continúe. Tienes una vida para convertir tu relación en la hermosa creación que visualizas, pero ni siquiera tendrás oportunidad de intentarlo si la relación no sobrevive.

La siguiente historia real sobre una pareja famosa cuyos nombres deben mantenerse en secreto muestra las ramificaciones de tomar decisiones cuando la relación no es una prioridad.

La pareja se casó cuando la mujer tenía apenas veintitantos años y el hombre era un poco mayor. Ella era dulce, bella y bastante ingenua. Tuvieron un maravilloso matrimonio al principio y tuvieron varios hijos. Él era muy exitoso en el aspecto financiero y ambos se volvieron muy conocidos. Conforme la esposa evolucionó, decidió aprovechar su fama e inició un negocio, que prosperó. Luego creó otro negocio y después uno más, hasta que estaba al frente de media docena de establecimientos y realizando tratos internacionales. Fue entonces que su esposo de divorció de ella.

Ella y yo nos conocimos unos diez años tras el divorcio y seguía con el corazón roto por la pérdida de su matrimonio. Entre lágrimas, me dijo que no entendía por qué fracasó. Le dije que la razón más probable era que su esposo se había casado con una jovencita dulce, tierna e inocente que luego se convirtió en una mujer de negocios a nivel internacional que viajaba seguido y estaba fuertemente involucrada en tomar decisiones de negocios a diario. Él ya tenía más dinero que ninguno de los dos podría gastar en su vida entera, y no quería una esposa de este tipo. La prueba de ello es que su siguiente esposa fue otra persona joven, tierna e ingenua que cumplía perfectamente con sus requisitos.

No estoy diciendo que sea imposible que ambos compañeros estén satisfechos y tengan negocios exitosos o intereses por separado, ni que una esposa o un esposo tenga que estar insatisfecho. Lo que estoy diciendo es que las decisiones tienen consecuencias. En este caso, si esta mujer y su esposo hubieran tomado en cuenta las leyes del amor mientras pasaban los años, podrían haber tenido un nuevo enfoque ante las cuestiones que surgieron. La mujer se podría haber preguntado, y podría haber consultado con su esposo, si estar fuertemente involucrada en negocios iba a tener algún impacto en su matrimonio. De igual manera, si su esposo hubiera valorado su relación por encima de todo lo demás, podría haber sido sincero con ella respecto a cómo se sentía antes que llegaran a un punto de crisis. Si los dos hubieran tenido en cuenta lo que él quería y el deseo de ella de expresarse por medio de una carrera en los negocios, quizá hubieran hallado una forma de cumplir las necesidades de ambos. Y si no, el divorcio no hubiera sido una sorpresa para esta mujer tan decepcionada.

Con todos estos ejemplos, puedes ver que las decisiones que necesitas tomar cuando compartes una relación a veces son diferentes a las que tomarías si no tuvieras ningún compromiso.

Cuestiones que rompen el trato

Hay, por supuesto, situaciones a las que llamo cuestiones que rompen el trato, y que exigen una solución firme. He aquí algunas de ellas.

Adicción. Supongamos que tu pareja usa drogas o alcohol en exceso y eso está amenazando tu relación y también tu seguridad. ¿Qué haces? Proteges la relación e insistes en que terminen los excesos. Lo mismo aplica para otros comportamientos adictivos: apuestas, pornografía, adicciones sexuales, excesivo uso de tele o internet, o cualquier comportamiento adictivo que ponga en riesgo la relación. La relación debe ser prioritaria o no durará. Haz lo que puedas para ayudar o conseguir ayuda, pero si el comportamiento destructivo continúa, la relación probablemente pasará por un largo y doloroso camino hacia su fin. La manera de protegerte y proteger tu relación es jugártela. Si tu compañero valora más el alcohol o las drogas que a la relación y a ti, es mejor terminar pronto. Quizá tras cortar, tu pareja dejará de beber y estará lista para retomar la relación. A veces se requiere la firme colocación de límites para resolver esta clase de situaciones. En el Centro para la Cura de Adicciones Passages, siempre tenemos muchos pacientes que ingresan cuando su pareja ha insistido en que reciban tratamiento.

Abuso físico. Lo mismo se aplica al abuso que amenaza no sólo la perdurabilidad de la relación, sino también tu seguridad o la de tu familia. Cuando alguien te lastima físicamente, es una cuestión que rompe el trato. Si sientes que necesitas ser castigado, acude con un psicólogo y toma terapia. No mereces ser dañado y hay maneras más sanas de sobreponerte a la culpabilidad y a otros sentimientos dolorosos.

Abuso mental y emocional. Aborda el abuso mental y emocional como abordarías el abuso físico. Debes ponerle fin. Ámate. Hónrate. Valórate. Así provocas también que tu pareja te honre y te valore. No te obligues a tener una relación de tercera clase al aceptar tratamiento poco respetuoso. Lo que estás buscando es una relación de primera clase, amorosa y con respeto, y sólo aceptarás eso. Espérala, exígela y consíguela.

Infidelidad. Si tu pareja te engaña y tiene sexo con otra persona, se acaba la confianza, se acaba el respeto, y es poco probable que regresen. Una vez que la confianza se rompe, restaurarla sólo es posible en condiciones ideales y toma largo tiempo, y además raramente sucede esto. Para la mayoría de la gente, es una cuestión que rompe el trato. Puede haber otras consideraciones, como hijos, finanzas, dependencia física, familia e implicaciones sociales. Tienes que evaluar los distintos aspectos involucrados en tu caso y sacar tus propias conclusiones. Si eliges seguir adelante con la relación, toma en cuenta que puedes estar en una relación de tercera por mucho tiempo. (En la Ley 12, leerás más acerca de la confianza, factor importante dentro de una relación.)

¿Qué tanto de tí debes dar?

Uno de los obstáculos que enfrentas, si quieres darle prioridad a la relación, simplemente es la dificultad de prestar a tu relación la atención que necesita. Tienes una cantidad limitada de atención para brindar. En estas épocas de comunicaciones globales instantáneas, si te dejas, tu atención será atraída de un lado al otro por distractores de todo tipo y magnitud, la mayoría de los cuales no tienen valor alguno para ti. Cuando permites que tu mente se llene de información inútil, eres negligente con las personas en tu entorno inmediato: tus seres amados.

"Prestar atención a lo que tienes cerca", dice el *I Ching*, "trae gran progreso y buena fortuna". En otras palabras, cultivar tu propio jardín, o poner atención a tu familia y seres queridos, tiene mucho mayor valor que concentrarse en las actividades de alguna celebridad, figura política o evento fascinante. Aunque esas cosas pueden ser interesantes, en realidad tienen poco o nada que ver con tu vida diaria y con los valores que te parecen más importantes. Enfócate en lo real.

La cantidad de tiempo, energía y atención que le dedicas a algo demuestra qué tanto te importa. ¿Cuánto le das a tu relación? La respuesta a esa pregunta tiene mucho que ver con el hecho de estar concentrado en el presente cuando estás con tu pareja y la manera en que tratas esos momentos.

En el libro *Forastero en tierra extraña*, un clásico de ciencia ficción de Robert Heinlein, hay un pasaje maravilloso que habla acerca de estar concentrado en el momento. El libro trata de un humano, Michael Valentine Smith, que creció en Marte y regresa a la Tierra cuando es un joven adulto. Tiene que aprender las costumbres y cómo es la cultura de la Tierra; nunca antes ha visto una mujer y tiene muchas habilidades excepcionales que aprendió en Marte. En cierto punto de la historia, un personaje importante del libro le pregunta a una de las mujeres que Michael ha besado por qué le pareció una experiencia tan extraordinariamente especial. Con actitud soñadora, explica que "Mike le dedica a los besos toda su atención". Dice que la mayoría de los hombres, sin importar cuánto se esfuercen, tienen parte de su mente en otra cosa, como alcanzar el próximo camión, o bien están preocupados por sus trabajos, por dinero o por lo que puedan estar diciendo los vecinos. "Pero cuando Mike te besa no está haciendo ninguna otra cosa. Tú eres su universo entero en ese momento."

Esa pequeña lección de la novela de Heinlein puede aplicarse a todos los momentos de tu relación. Está diciendo lo mismo que todos los sabios iluminados han tratado de decirnos de todas las maneras posibles: debes estar plenamente presente a cada momento, estar *con este momento*. También es cierto que cuando dedicas el cien por ciento de ti a algo, creas las mejores condiciones posibles para que florezca.

En Estados Unidos hay una canción infantil popular llamada "The Hokey Pokey". Los cantantes unen sus manos y forman un círculo. Sus acciones siguen las palabras que dice la canción, que va más o menos así: "Metes tu pie izquierdo, sacas tu pie izquierdo, metes tu pie izquierdo y lo sacudes por todos lados." Luego, metes tu pie derecho, tu mano derecha y así sucesivamente hasta que todo tú te metes. Piensa en esa canción en el contexto de tu relación.

¿Cuánto de ti dedicas a tu relación? ¿Sólo metes tu pie izquierdo y luego te preguntas por qué estás recibiendo de tu relación menos de lo que deseas? Lo que sea que traigas contigo al juego de la vida marcará los límites de qué tanto puedes recibir de la vida. Para obtener lo mejor, da lo mejor que tengas.

Pasos a seguir para la Ley 10

EL PODER DE LA PRIORIDAD

> La clave no está en dar prioridad a lo que está en tu calendario, sino en hacer tiempo para tus prioridades.
>
> Stephen Covey (1932)

Para tener una relación perdurable y satisfactoria, debes renovar tu compromiso para mantener esa clase de relación cada vez que piensas en tu objetivo. Eso es el verdadero compromiso. Constantemente se renueva hasta que se alcanza la meta y se llega al destino. Cuando eres capaz de esa clase de compromiso, puedes alcanzar cualquier meta y llegar a cualquier destino. Aquí hay algunas preguntas que pueden ayudarte a enfocar tu atención en la tan importante característica de la perdurabilidad de tu relación:

- ¿Tomo las decisiones importantes de mi vida con base en la supervivencia de mi relación, o tomo decisiones principalmente con base en mis propios deseos y necesidades?

- ¿He tenido que tomar una difícil decisión entre algo que quería y algo que mi pareja quería? ¿Qué elegí y cuáles fueron las consecuencias?
- ¿La relación con mi ser amado es una prioridad en mi vida? ¿Cómo le demuestro al ser amado que nuestra relación me importa más que ninguna otra cosa?
- ¿Qué puedo hacer para darle a mi relación y a mi ser amado más tiempo de calidad, energía y atención?

Ley II

La armonía da fuerza, la falta de ella debilita

> Muchos matrimonios estarían mejor si el esposo y la esposa claramente entendieran que están en el mismo equipo.
>
> Zig Ziglar (1926)

Todos hemos experimentado los conflictos internos que nos pueden llevar a titubear a la hora de actuar o de dar un siguiente paso. El conflicto es igual en un matrimonio que en una relación de pareja. No dejará que la pareja actúe como una unidad frente a las dificultades.

Cuando dos personas, ya sean pareja, amantes o esposos, han alcanzado tanta profundidad en su relación que abunda entre ellos la confianza, el entendimiento y la armonía, podrán cumplir cualquier meta, hacer frente a cualquier peligro, sobrevivir a cualquier penuria y llegar al máximo éxito sin tropiezos.

Al inicio de este libro, cité a Confucio, quien dijo: "Cuando dos personas son una en lo más profundo de sus corazones, pueden romper la dureza del hierro o el bronce." Eso sucede porque la armonía fortalece, no así el conflicto, que debilita. La palabra *armonía* proviene de la palabra griega *harmonía*, que significa unión, estar de acuerdo y concordancia de sonidos. Cuando prevalece la armonía, en realidad sí tienen una relación "a tono". Un conflicto sin resolver, por el contrario, debilita el poder de conquistar el peligro, ya sea que ese peligro sea físico o emocional o que presente retos a la economía, la salud o incluso a la supervivencia.

En los negocios, la falta de armonía produce un ambiente de trabajo estresante y poco productivo. En una familia, produce un hogar tenso y malas condiciones de vida, lo cual dificulta que la familia florezca. En cualquier tipo de pareja u organización, la falta de armonía es debilitante, y no sólo debilita a la relación, sino también a cada persona involucrada en ella. En cambio, la armonía en una relación da poder y fortalece a cada integrante. Para trabajar en grandes proyectos, y no existe proyecto más grande que una relación, debe existir la unión, pues sólo así se puede realizar un esfuerzo concentrado y consciente para alcanzar una meta.

Puedes imaginarte la falta de armonía como desacuerdos o discusiones desagradables, pero va mucho más allá. Las constantes críticas menores, juzgar sin fundamento, insultar con sarcasmo y hacer comentarios humillantes pueden levantar un muro entre tu pareja y tú, y dañar tu relación más que una erupción tormentosa que sacude todo.

Otra manera en la que el conflicto debilita es por medio de luchas de poder que nos restan energía necesaria no sólo para nutrir la relación, sino también para nutrirnos y fortalecernos a nosotros mismos. Los sabios chinos de hace miles de años dijeron que es poco inteligente obtener algo por la fuerza, pues lo que se obtiene por la fuerza debe retenerse por la fuerza.

También dijeron que una ley del universo indica que lo que obtengas por la fuerza, aunque temporalmente parezca beneficiarte, al final te traerá infelicidad de una u otra forma.

Si con frecuencia presionas a tu pareja para que cada asunto que vaya saliendo se resuelva a tu favor, ya sea que se trate de elegir qué actividad harán en un día libre o de la manera en que gastan su dinero, estás, de hecho, obteniendo tu objetivo mediante la fuerza. El esfuerzo constante que se requiere para retener algo a la fuerza, y esto incluye imponer tu voluntad, te resta energía, invita a otros a censurarte e invariablemente conduce al arrepentimiento.

¿Cómo ves los desacuerdos?

Estar en armonía no significa que no tengas o no debas tener desacuerdos. Son parte de la vida y parte de toda relación. Cómo veas o cómo resuelvas estos desacuerdos es lo que hará la diferencia.

Algo que puede ayudarte a resolver conflictos es recordar que cuando tu pareja y tú discuten, en realidad están buscando armonía, aunque no lo parezca. Estás tratando de moldear al otro para darle una forma con la que serías compatible, y viceversa. En realidad, discutir es una manera no equilibrada de intentar buscar equilibrio. Pelear es una manera poco refinada, poco sofisticada de buscar armonía y llegar a un acuerdo, pero si no has aprendido alguna manera mejor de hacerlo, ésa es la única que tienes. En vez de discutir agresivamente, trata de usar los conflictos que surjan como oportunidades para escuchar con tu corazón y ver qué sucede bajo la superficie.

No seas de esas personas que dejan que sus pleitos se salgan de control, porque carecen de la disciplina necesaria para discutir una situación calmada y amorosamente. Tanto tú como tu pareja están buscando equilibrio, buscando que el otro vea las cosas a su modo. La comunicación es una habilidad, y puedes aprender a comunicarte con calma, procurando comunicarte con amor en tu voz. Mantén vivo el amor. No intentes ganar una pelea a costa de tu relación.

Simplemente aprende a sobrellevar las pequeñas fallas de tu ser amado, sus errores y carencias. Revisa la Ley 4 y lo que dice sobre el espacio seguro. Tu pareja y tú tienen sus excentricidades y manías, pero éstas no definen quiénes son. Esas excentricidades son pequeñas comparadas a los maravillosos talentos y al potencial que cada uno de ustedes posee.

Corazón generoso

Otra manera de obtener armonía en una relación es tener un corazón generoso y no uno mezquino y cruel. Cuando encarnas las características de la generosidad y la bondad, por medio de la ley de causa y efecto, verás que tu propio mundo se llena de gente que es generosa y buena.

La antigua sabiduría indica: "A través de la dureza y el egoísmo, el corazón se vuelve rígido, y esta rigidez provoca una separación de los demás." Cuando los que amas tienen alguna necesidad y les das la espalda, invitas a que se dé la dureza. Si te piden ayuda y egoístamente guardas tu tiempo y energía, y te niegas a compartirte con ellos, la dureza aumenta y pronto empiezas a verlos a través de una máscara de rigidez que te separa de tus seres amados. ¿Quién quiere estar con alguien frío que no da nada?

La dureza y el egoísmo, la gentileza y la generosidad, cada característica trae su propio resultado inevitable. Esto es particularmente cierto en las relaciones, pues en ellas literalmente estamos "uno junto al otro". Así que si estás en una relación en la que ambos están unidos como si fueran uno solo, lo que haces y sientes, y la manera en que actúas y reaccionas, afectan a ambos, para bien o para mal.

En esencia, la generosidad conduce a la vida; la mezquindad, a la muerte. El amor conduce a la vida; el odio, a la muerte. Realmente es una ecuación muy simple. Las relaciones en las que existen tensión y conflictos continuos y en las que los integrantes evitan darle lo mejor de sí al otro, no son relaciones vivas; son relaciones en proceso de morir. Para preservar lo que tienes, para mantener tu relación viva y luminosa, debes dar generosamente. Dar tu tiempo, tus puntos favorables, tu atención, tu ayuda y tu amor. Debes dar de ti.

Pasos a seguir para la Ley II

EL PODER DE LA SUAVE GENEROSIDAD

> La oposición trae concordia.
> De la discordancia surge la mayor armonía.
>
> Heráclito de Éfeso

Nuestros desacuerdos frecuentemente pueden ser acerca de nuestras necesidades no cumplidas o conflictos internos sin resolver. A veces nuestras verdaderas necesidades están ocultas bajo nuestras heridas. Cuando surge la falta de armonía, puede ser un disfraz de bendición, una forma de descubrir y sanar lo que esté pudriéndose bajo la superficie. He aquí tres sencillos pasos para probar la próxima vez que surja un desacuerdo. En vez de reaccionar a la defensiva cuando tú o un ser amado se sientan lastimados o molestos, usa esta técnica suave y generosa.

- Detente.
- Respira profundo varias veces.
- Luego, simplemente pregúntale a tu pareja qué requiere de ti.

A veces, tu ser amado no sabrá la respuesta a esa pregunta. No siempre sabemos lo que nos molesta. Al estar abierto a preguntar: "¿Qué necesitas?", estás ayudando a tu pareja a descubrir la respuesta a esa pregunta. Estás ayudando a tu pareja a reflexionar sobre lo que realmente sucede en su interior. Si actúas suave y sabiamente, en lugar de responder de forma agresiva con tu ego, sus desacuerdos pueden ser excelentes oportunidades para hacer descubrimientos.

Una relación ideal sólo puede existir si hay confianza total

Atrévete a ser auténtico: nada podría requerir una mentira.

George Herbert (1593-1633)

La confianza es la base más grande sobre la cual puedes construir una relación, mediante ella eres capaz de contarle a tu pareja tus miedos más profundos, tus máximas vergüenzas y tus pensamientos más íntimos, sin temor al ridículo o a no ser comprendido. La confianza les permite a ambos elevarse con libertad y pasear por los cielos del amor sin miedo de caer. Sin confianza absoluta no puede darse una relación de primera clase. Es mejor no tener una relación que estar en una de deshonra y desconfianza.

La parábola modera de un autor anónimo nos da una maravillosa lección acerca de la confianza. Un día, una niña y su padre estaban cruzando un puente. Habían estado caminando, y ya estaba oscureciendo cuando llegaron a un puente estrecho sobre un arroyo turbulento. Al padre le preocupó la seguridad de su hija y no quería asustarla. Así que volteó hacia ella y dijo:

—Querida, por favor tómame de la mano para que no te caigas al río.

La niñita dijo:

—No, papi. Mejor tú toma mi mano.

—¿Cuál es la diferencia? —preguntó el padre, confundido.

—Hay una gran diferencia —respondió la niñita—. Si tomo tu mano y algo me pasa, a lo mejor suelto tu mano. Pero si *tú* tomas la mía, estoy segura de que, pase lo que pase, no vas a soltar mi mano.

Es una sensación maravillosa y de absoluta seguridad saber que puedes confiar en alguien de esa manera, pues sabes que puedes depender enteramente de esa persona.

La verdad y las relaciones de primera clase

Toma años construir confianza, pero sólo se necesita un instante para destruirla. La primera vez que se te escapa una mentira o que se le escapa a tu pareja; o la primera vez que no son sinceros el uno con el otro, se han condenado a tener una relación de segunda clase.

La verdad debe ser *completa*. Esto es, hay que decir "sólo la verdad, todo el tiempo". Sin secretos, sin distorsionar los hechos, sin mentiras, sin falsedades (que son pequeñas distorsiones de la verdad, pero como quiera son mentiras). Decir la verdad también significa no hacer omisiones. Debe haber total certeza en su mente de que pueden confiar plenamente en el otro y de que ninguno de los dos se está guardando nada. Sé lo suficientemente valiente como para decirle todo a tu pareja, sin omitir nada. Esto requiere armarte del valor necesario para encarar hasta tus más grandes temores.

Hay veces en que tu propia supervivencia dependerá de la honradez de tu cónyuge o pareja. La gente ha tenido que confiar en otros al grado de poner la vida en sus manos. Este grado de confianza es de lo que estoy escribiendo, de poderle confiar tu vida a alguien. Puede haber determinados momentos en tu relación en los que sea crucial que tú o tu ser amado puedan confiar plenamente en la palabra del otro. Quizá alguno de ustedes sea acusado por un tercero de algo que pudiera poner fin a la relación en caso de ser cierto. En ese momento debe haber una confianza tan absoluta, que si el acusado simplemente dice: "Eso no es cierto", se acabe la discusión.

No estoy hablando de poner buena cara y apoyar a tu pareja aunque sospeches que hay algo de cierto en esa acusación. Tener cien por ciento de confianza en tu pareja significa que, en lo más profundo de tu corazón, sabes que tu pareja te está diciendo la verdad. Ese sentimiento da tal seguridad y provoca una sensación de unidad tan grande, que será más relevante que casi cualquier falla que tu pareja pudiera tener. Hace milenios, el gran poeta Homero escribió: "Que el cielo te brinde todo lo que tu corazón desee: un esposo, una casa y un hogar feliz y en paz; pues no hay nada mejor en este mundo que el hecho de que un hombre y su esposa compartan la misma opinión en su casa. Desconcierta a sus enemigos [y] alegra los corazones de sus amigos."

Tú y tu ser amado también necesitan confiar en que el otro *se comportará* de cierta manera. Ambos necesitan saber que cuando no están juntos, cada uno se está portando como un pareja fiel, amorosa y respetuosa, con un compromiso de por vida. Necesitan confiar en que el otro no va a estar coqueteando con otras personas, que siempre se comportará como si estuvieran juntos, que nunca dirá algo que callaría si su pareja estuviera presente, y que tenga clara conciencia de que está en una relación maravillosa, amorosa, de confianza y permanente. Cuando tienes una relación, lo que haces afecta a tu pareja y se refleja en ella. Las parejas confiables siempre piensan bien las cosas antes de hacer algo que pudiera dañar la reputación o el bienestar del otro.

Cuando desaparece la confianza

La pérdida de confianza tiene enormes implicaciones. Perder la fe en tu pareja puede ser devastador y fácilmente puede acabar con una relación. Algunas personas que vienen con nosotros a Passages para que los ayudemos a recuperarse de alcoholismo o adicciones, recientemente se han enterado de que sus parejas las engañaban. En general, tienen rostro pálido a consecuencia del *shock*. La pregunta que me hacen es: "¿Cómo pudo hacerme esto?" No pueden creer que se haya dado tan terrible engaño. Sienten como si su mundo se hubiera disuelto y, de hecho, eso fue lo que pasó. Habían construido un mundo con base en la verdad, y de repente desapareció la verdad, llevándose de paso el compromiso.

Todos los planes y los pequeños detalles de sus días se basaban en esta relación, y la noticia de que su cónyuge las engañó les resultó devastadora. A veces la ruptura sucede tras muchos años de matrimonio, y sienten como si éste hubiera sido una mentira y su relación, un fraude. Una mujer me dijo: "Siento como si todo mi matrimonio, que duró veinticinco años, hubiera sido un engaño."

Aunque la relación no termine por la mentira, su núcleo puede quedar arruinado, y reconstruir lo que queda tras el daño es muy difícil. Es doblemente difícil si hay niños involucrados, pues ellos también pierden la confianza en sus padres y se quedan a la deriva, preguntándose en qué otra cosa no deben creer. En la mayoría de los casos, la desconfianza queda instalada en su mente y se requerirá mucho trabajo en el futuro para revertir esto.

He visto a otros en Passages que han descubierto que su cónyuge contó una mentirilla blanca de algún estilo. Quizá un esposo no vio mal decirle a su esposa que estaba trabajando hasta tarde cuando en realidad se había ido con sus amigos a un bar. O quizá una esposa le ocultó a su esposo la verdad de que estaba gastando dinero que habían ahorrado juntos en cosas personales. Incluso, en el caso de estas mentirillas blancas, vemos los resultados de la pérdida de confianza, y puedo decirte que la gente se siete devastada por esto. Empiezan a preguntarse: ¿Sobre qué otra cosa me habrá mentido? ¿Qué más no sé? ¿Puedo volver a confiar plenamente en esta persona? En muchos casos la ruptura de esta confianza es lo que inicialmente llevó a esta gente a buscar consuelo en las drogas y el alcohol.

Hay otras repercusiones sutiles pero poderosas al decirle a tu pareja o cónyuge una mentira. En primera, tú lo sabes. Eso crea una señal de alerta en tu mente y debes tener cuidado de ahí en adelante para que no se te olvide tu mentira y acabes por decir algo que revele la verdad. Tienes que vivir una mentira constante y siempre estar con la guardia arriba para no delatarte. Mantener las apariencias no sólo es desgastante, sino que también crea un mala autoimagen, lo cual, como mencioné antes, te puede quitar la posibilidad de tener una relación sana.

La consecuencia de engañar de manera constante es que te verás a ti mismo como un mentiroso, un engañador; y lo que *piensas* que eres permea en todo lo demás que haces. El hecho de tener una autoestima dañada reduce tus probabilidades de conseguir una excelente relación, pues para tener una relación de primera clase, debes merecerla y, más allá de eso, debes *creer* que la mereces.

No subestimes el poder de este concepto. Tu autoimagen y tu integridad están entre las herramientas más valiosas que tienes para construir la relación de tus sueños. Saber que eres digno de ella y creer que la mereces son factores clave para crear ese tipo de relación. Si crees que mereces una relación de primera clase, no te conformarás con menos. Y si tu pareja no te está tratando con el respeto y la consideración que crees merecer, tomarás acción para encarar su conducta y remediar la situación. Lo que creas acerca de ti mismo te dará fuerza para tomar acciones que te benefician.

Simular sólo daña

Si estás en una relación y no has sido enteramente honrado con tu pareja, todavía puedes remediar la situación hablándole claro sobre tu falta de sinceridad y la intención de portarte de manera honorable en el futuro. Debes tener en cuenta que, al escucharte decir la verdad, tu pareja termine la relación. Es posible. Sin embargo, es peor que tu ser amado se entere por cualquier medio que mentiste, o tener que vivir con una mentira. En ambos casos, la confianza desaparece, y con ella, la posibilidad de tener una gran relación.

Un amigo una vez me confesó que la había sido infiel a su esposa. Cuando le sugerí que fuera sincero y le contara de su infidelidad, me dijo: "Ella no podría aguantar la verdad." La verdad es que era él quien no podía aguantar la verdad. Tenía miedo de las consecuencias al decirla. Temía que su esposa lo dejara al enterarse de que la había engañado. Así que estaban obligados a vivir una mentira y a existir en una relación donde no había confianza. Como resultado, su relación fue de mal en peor y terminó en divorcio. Al igual que pasa con todas las falsedades, simular que las cosas son distintas sólo les trae dolor y angustia a todos.

¿Qué pasa si sientes que un abuso de confianza de tu pareja es tan severo que tu relación no puede ser reparada y quisieras terminarla? Digamos, por ejemplo, que descubrieras que tu pareja tenía un amorío con alguna amistad cercana. La noticia es devastadora. Te sientes humillado, dañado, usado y enojado. Tu pareja ha roto la promesa, explícita o implícita, que ambos se hicieron cuando iniciaron la relación, y ha demostrado ser poco digno o digna de tu amor y confianza. ¿Cómo debes responder?

Primero espera. No hagas nada al calor de la furia o el dolor. Como dice un dicho: "Actúa con prisa y te arrepentirás con calma." La pasión y la razón no pueden coexistir. Cuando te consumen la furia, el deseo o el odio, es imposible pensar de manera clara y racional. Sólo cuando puedes dar un paso atrás con calma y "verte a ti mismo" puedes lograr el desapego auténtico, que permite el pensamiento racional. Da un paso atrás y observa la situación. Cuidadosamente piensa en qué acción tomar. Tus siguientes pasos muy probablemente cambiarán tu vida.

Si decides que el comportamiento de tu pareja es una cuestión que rompe el trato, antes de cortarla, traza un plan cuidadoso. Aquí hay mucho en juego y muchos puntos a considerar, incluyendo hijos, finanzas, familias, religión y otros valores que pueden ser importantes para ti. Si no están de por medio esos factores, sólo debes preguntarte si quieres estar en una relación con alguien en quien no puedes confiar.

Puede haber algo favorable en los obstáculos de la relación que enfrentas, por lo cual es importante que no actúes a las carreras. El reto no sólo te enseña mucho acerca de tu pareja, sino que además te puede enseñar mucho de ti mismo. Te puede ayudar a clarificar lo que te resulta esencial en una relación y lo que es una cuestión que rompe el trato, a fin de que puedas definir y defender tus necesidades. El reto también puede ser una señal de alerta que les muestre a ambos en qué aspectos necesitan hacer ajustes a su propio carácter para preservar su relación y su amor. Los retos muchas veces revelan dónde hay cuarteaduras en los cimientos, de modo que puedan reparar estas áreas y construir bases más sólidas que perdurarán a través de los años.

Compartir tus esperanzas y sueños

La confianza no surge de manera automática en una relación. Es algo que se construye a lo largo del tiempo. Al principio, puede haber poca confianza porque todavía no se conocen bien o porque en el pasado alguien les ha mentido, los ha engañado o traicionado, o ha abusado de su confianza en distintos momentos de la vida. Es al principio de una relación cuando estás ante el gran potencial de construir tu vida en pareja, con base en la confianza absoluta. Es el momento de establecer la costumbre de confiar, de abrirse y compartir el uno con el otro sus más profundos sueños y esperanzas, de expresar quiénes son y en quién se quieren convertir.

He estado plenamente consciente de esto en cuanto a mi propia vida. Hace unos veinticinco años había acabado una relación y todavía no iniciaba otra. Esperaba que se presentara la persona anhelada desde hace mucho. Aunque sentía algo de temor de que la mujer de mis sueños apareciera, pues cuando era más joven se me dificultaba romper el hielo con las mujeres que conocía y esto todavía era más notorio cuando ya era un poco mayor. Estaba ante mi chimenea una noche y pensaba sobre esta dificultad, entonces escribí algo que expresaba lo que sentía en cuanto a la confianza, el compromiso y los descubrimientos dentro de una relación.

Años después, conocí a esa persona que esperaba conocer, mi esposa, Lyn. Ya leíste antes cómo nos conocimos. Después de que me fui de Kauai, Lyn y yo nos comunicamos por teléfono y correo electrónico durante varios meses. En cierto momento, me sentí impulsado de mandarle por correo electrónico a Lyn lo que había escrito años atrás mientras estaba sentado ante mi chimenea, pues esperaba que esto le pudiera transmitir algo más acerca de quién era yo. Lo comparto contigo porque aplica para todos los primeros encuentros. Es acerca de abrirse, en cualquier fase de tu relación, y expresar las esperanzas, los temores y los sueños que traes contigo a tu vida en pareja. Se llama "Fuera de contexto" y es como una preparación para conocer a alguien por primera vez, alguien que crees que pudiera ser "el bueno".

Fuera de contexto

Estamos a punto de conocernos tú y yo, y tengo miedo de hablar, miedo de no poderme comunicar contigo, pues todo lo que diga estará "fuera de contexto". ¿Y cómo podría ser de otra manera? No sabes y no has experimentado la travesía de mi vida: mis esperanzas y temores, lo que más quiero, las personas cuyos pensamientos venero, todo de lo que estoy hecho. No conoces mis triunfos y fracasos, mis alegrías y pesares, las ocasiones en que me he sobrepuesto a obstáculos aparentemente imposibles de sortear y las veces en que éstos me han vencido.

No conoces la tenacidad de mi espíritu. No sabes que puedo seguir adelante hasta el final, incluso ante la mayor adversidad. No tienes conocimiento de que puedo ayudarte a elevar tu conciencia a fin de que te conviertas en la mejor mujer que puedas ser, la mujer que has luchado por ser, la mujer que deseas que el mundo vea, o que al menos yo vea.

Las palabras que use pueden tener un significado diferente para ti y para mí. Quizá no escuches el verdadero significado que quiero transmitir, el significado más profundo del que habla mi alma. Si hablo de confianza, quizá no sepas que quiero decir "la suficiente confianza como para poner la vida en manos del otro". Si hablo de valor, quizá no sepas que quiero decir "mantenerse firme incluso ante el mayor peligro posible". La materia del universo fluye por mi corazón, mis venas y mi mente, al igual que en los tuyos.

Así que espero que seas paciente conmigo hasta que el ser sutil que hay en ti empiece a comprender las corrientes más profundas dentro de mi ser, haciendo que aguardes mientras la persona que soy se desenvuelve. Puedo ser grande, audaz, valiente, tierno, cariñoso, intuitivo. Puedo decir palabras sabias que he recopilado en campos, montañas, ciudades, habitaciones y salas de juntas donde he enfrentado y conquistado mis miedos y sobrellevado mis pesares.

Puedo acariciar los filamentos más tiernos de tu ser y lograr que vibren en éxtasis al ser tocados por quien entiende tu alma. Puedo abrirte a los secretos de tu propio corazón y elevar tu espíritu hasta las más maravillosas alturas.

Tantas han pasado a mi lado, sólo mirando con sus ojos para ver si era yo a quien buscaban, sin saber que la persona en quien se interesarían sólo podría ser percibida con sus corazones y sus mentes tras una larga excursión por el camino junto a mí. Somos dos personas que se conocen en las playas de sus almas, cada quien esperando que el otro perciba los continentes que están en el interior.

Así que ven, compartámonos, mi nuevo amor. Mira, aquí estoy, caminando hacia ti, pero "fuera de contexto". Nos encontramos, titubeamos y miramos. Ahora tomo valor, ahora te hablo, con la esperanza de que entiendas.... "Hola...".

Unos meses después, Lyn y yo nos casamos. En nuestra boda, me pidió que leyera lo que había escrito ante los invitados que nos acompañaban. Los dos empezamos la larga jornada por el camino el uno con el otro, llenos de confianza, llenos de amor, seguros el uno del otro.

El ejercicio de escribir estas palabras hace años me ayudó a expresar lo que había en mi corazón. Me ayudó a ordenar y clarificar mis esperanzas y sueños, a ser sincero conmigo y, algo igualmente importante, a ser sincero y abierto con mi futura esposa.

Pasos a seguir para la Ley 12

EL PODER DE LA CONFIANZA Y LA VERDAD

> Nada da un golpe más fuerte a la amistad que detectar una falsedad en el otro; golpea la raíz de nuestra confianza de ahí en adelante.
>
> WILLIAM HAZLITT (1778-1830)

Las relaciones de primera clase sólo son posibles en un ambiente de confianza total. Para confiar, como lo definen los diccionarios, debes depender de alguien y ponerte bajo su cuidado. ¿Cómo se manifiesta en verdad la confianza dentro de una relación, más allá de la necesidad de mantener la fidelidad? He aquí algunas preguntas que te ayudarán a reflexionar acerca de la confianza y de cómo puedes volverte más confiable.

- ¿Soy confiable? ¿Mi pareja puede confiar en que voy a hacer lo que digo que haré?
- ¿Soy sincero con mi pareja? ¿Digo la verdad sin ocultar información?
- ¿Mi pareja puede confiar en que le daré apoyo incondicional física, mental, emocional y hasta espiritualmente en todas las posibles circunstancias?

- ¿Puede mi pareja confiar en que estaré abierto a lo que me diga y que no voy a juzgar, reír o ignorar sus preocupaciones, miedos y más profundos sentimientos?
- De igual forma, ¿soy sincero y abierto respecto a cómo me siento, sin ocultarle a mi pareja mis dudas, temores o sentimientos?
- Cuando mi pareja está ausente, ¿puedo estar seguro de sólo hablar de ella con otros, con apoyo y apreciación, sin críticas ni desdén?
- ¿Veo a mi pareja y a mí como un equipo que jamás toma acción ni dice cosas que pudieran afectar su bienestar o reputación, o limitar su potencial de florecer?
- ¿Qué puedo hacer para incrementar la confianza que mi pareja me tiene?

Ley 13

Cada acción produce un resultado que va precisamente de acuerdo con dicha acción

> Sólo hay una constante, algo universal. Es la única verdad real: Causalidad. Acción, reacción. Causa y efecto.
>
> MEROVINGIAN, *Matrix recargado*

Cada instante que interactúas con otros, estás creando efectos. Cada momento que estás interactuando con tu ser amado, estás creando efectos en tus relaciones. Como resultado directo de tus interacciones, tu relación está floreciendo o se está desintegrando. Así es como funciona la ley de causa y efecto, y nunca falla. Como dijo Ralph Waldo Emerson: "La causa y el efecto son las dos caras de un mismo hecho." Una vez que entiendas más plenamente la ley de causa y efecto, se volverá una de tus más grandes herramientas para las relaciones.

La ley metafísica (más allá de la física) de causa y efecto indica que cada acción produce una reacción que va precisamente de acuerdo con la acción que la causó. (Por favor, no pienses que esto es lo mismo que la ley física de causa y efecto, que señala que cada acción produce una reacción igual y opuesta.) La ley metafísica de causa y efecto está sucediendo a tu alrededor todo el tiempo. La persona feliz y la persona sin alegría han llegado a sus estados de ánimo actuales como consecuencia directa de su conducta previa. Si estás enojado la mayoría del tiempo, tendrás pocos amigos, se te dificultará obtener éxito en los negocios, y la posibilidad de tener aunque sea una relación mala es casi inexistente. Si, por el contario, eres alegre, perdonas y eres paciente, verás que vives en un mundo distinto y que cosechas los resultados de tu apertura de corazón.

Los giros de la retroalimentación

En realidad, has estado leyendo acerca de la ley de causa y efecto a lo largo de este libro, pues has descubierto que vivir de acuerdo con cada una de las leyes del amor traerá resultados positivos a tu relación, y no hacerlo creará dificultades y una división entre tú y tu ser amado. Una forma importante en la que puedes notar cómo es que las causas que has provocado se manifiestan en tu relación, es empezar a ver el mundo en que vives, el mundo de causa y efecto, como un mundo dinámico en toda la extensión de la palabra. Ser dinámico es ser activo, cambiante, lleno de energía, con un propósito y progresando. Ese progreso se da porque hay continua retroalimentación entre el universo y tú, porque el universo está continua y plenamente al tanto de ti.

Es de vital importancia que entiendas este concepto y sus implicaciones si es que deseas entender por completo la ley de causa y efecto, y trabajar con ella para crear relaciones felices y satisfactorias. Empecemos con la idea de que todo en el universo está hecho a partir de la misma energía. En la actualidad, la ecuación más famosa es $E=mc^2$, de Albert Einstein. Significa que la E (energía) es igual a la m (masa) multiplicada por c (la velocidad de la luz) al cuadrado. De hecho, esta ecuación nos dice que la *energía* y la *materia física* del universo, incluyéndonos a ti y a mí, somos formas distintas de una misma cosa. No sólo es cierto eso, sino que eres parte de la misma energía de todo el universo. En otras palabras, *eres* el universo, una parte inseparable de él.

La palabra *universo* se compone de dos palabras del latín *uni,* que significa "uno" y *versus*, que significa "dar vuelta". Literalmente, puede pensarse como "uno giró hacia sí mismo". Puedes entender ese "uno" como si fuera un vasto cuerpo de energía consciente que giró hacia la multitud de cosas que componen "al universo", incluyéndote a ti. Esto no es tan distinto a la creencia frecuente de la mayoría de las religiones, o quizá de todas las religiones, de que en un principio hubo un ser supremo, un Dios (a quien se le conoce por miles de nombres) que creó los cielos y la tierra. Por eso destaco la palabra *universo*.

No sólo creo que somos parte del universo, sino además que compartimos su conciencia. Nuestra conciencia es parte de la conciencia universal. Es como un foco. Cuando colocas un foco en su enchufe eléctrico, empieza a ser partícipe de la electricidad que está pasando por los cables. La electricidad no se origina en el foco, al igual que tu conciencia no se origina en tu cerebro. Eres partícipe del campo de conciencia que existe en el universo. El universo sabe todo lo que hay que saber acera de ti y te ama, pues *tú* eres *él*.

Aquí hay otro dato que te ayudará a entender cómo funciona la conciencia universal y te asistirá en el proceso de hacer los cambios que son vitalmente importantes para construir tu relación. Dado que eres parte del universo, se puede comunicar contigo, y tú con él. ¿Cómo? Le hablas al universo con palabras, pensamientos y acciones, y el universo te habla con sucesos.

Los sucesos son el lenguaje del universo. Un ejemplo de un suceso es lo que llamamos coincidencia, aunque en realidad no existe tal cosa en el universo. Un encuentro "por casualidad" no es realmente por casualidad sino porque así se planeó. Cada suceso es comunicación universal.

El universo trae sucesos a tu vida para guiarte e instruirte y también disuadirte de tomar alguna acción que no fuera favorable para ti, a fin de que puedas crecer, aprender y crearte como un humano perfecto. Así que si las cosas van bien o no en tu relación estás, de hecho, recibiendo comunicación del universo, una respuesta a tus acciones que sirve como retroalimentación, es decir, como nueva información que necesitas para ver claramente los resultados de tus pensamientos, actitudes, comportamientos y acciones.

Quizá esa comunicación se manifieste en las palabras o el comportamiento de tu pareja o mediante otras personas o situaciones que entran y salen de tu vida. Al aprender a leer e interpretar esta comunicación realizada por medio de sucesos, puedes obtener información valiosa que te regrese al camino de una relación fuerte si haces los ajustes necesarios.

Otra clave para entender la ley de causa y efecto, una que en realidad puede cambiar tu vida, es ésta: al reconocer que el universo se está comunicando contigo por medio de sucesos o circunstancias, puedes ofrecer una sonrisa que muestre que entiendes, un movimiento afirmativo con tu cabeza o una señal con el dedo gordo hacia arriba. Con esto, el universo cobra conciencia de que estás consciente de él, y por lo tanto incrementa el nivel de comunicación. Cuando eso sucede, puedes progresar más rápido. Estar consciente de que el universo está comunicándose constantemente contigo es vivir de una manera que sólo podría ser considerada como mágica, y brinda recompensas cada vez más significativas.

Reconoce las semillas

Aprender a detectar las comunicaciones que llegan a ti, de maneras sutiles o directas, resulta invaluable en las relaciones. Antes de que la avalancha caiga por la colina, cambios pequeños e imperceptibles han estado progresando en la tierra. La buena fortuna y las desgracias tienen sus inicios respectivos mucho antes de que se hagan evidentes. Lo mismo es verdad en cuanto a relaciones. Es importante reconocer las semillas.

Siempre puedes percibir cuando las cosas no van bien en tu relación. ¿Alguna vez has visto a un animal cuando detecta un peligro? Se queda absolutamente quieto, con la cabeza erguida y las orejas levantadas para detectar cualquier peligro. Es así como debes portarte en tu relación.

Mantente alerta ante los cambios sutiles que pueda haber en los vientos de la relación, y toma acciones para prevenir que tu relación no se salga del carril. Una pensadita cuando empiezas a notar un cambio en el flujo de tu relación traerá grandes bendiciones. Es el momento en que los pequeños esfuerzos traen grandes recompensas.

A diferencia de las relaciones formales, donde las obligaciones y los derechos de los participantes se establecen por medio de documentos escritos, las relaciones románticas dependen de la consideración y la cortesía de la pareja y el afecto que sienta uno por el otro. En relaciones personales, el afecto y la consideración son los ingredientes principales. Cada gesto de bondad le muestra a tu ser amado que lo valoras y aprecias.

Cuando no tratamos a nuestros seres amados con bondad, perdemos oportunidades de expresar nuestro amor y construir los cimientos de una magnífica relación. Como dijo el poeta estadounidense Stephen Vincent Benét:

¡La vida no se pierde al morir! La vida se pierde
minuto a minuto, día tras lento día,
en todas las mil formas pequeñas e indiferentes.

Pasos a seguir para la Ley 13

EL PODER DE LOS PEQUEÑOS GESTOS DE BONDAD

> Quién y cómo seremos en el futuro depende de lo que hagamos ahora.
>
> Daisaku Ikeda (1928)

Una manera en la que puedes empezar a trabajar de manera consciente con la ley de causa y efecto es simplemente crear una lista de cosas que sabes que alegrarán a tu pareja. Cada día añade una de esas cosas a tu lista de pendientes y realízala. No necesita ser algo inmenso. A veces los pequeños actos de bondad son los que tocan más profundamente el corazón del otro. Y no pienses que es una tarea pesada. Imagina que es una prioridad para mantener vivos tu amor y tu relación. Al hacer al menos una cosa especial al día para tu pareja, tomarte tiempo para traer felicidad a quien más quieres, estás plantando semillas que rendirán frutos.

Abajo presento una lista con unas cuantas ideas de tipos de cuestiones que puedes agregar a tu lista de cosas que harán feliz a tu pareja. No necesariamente son ideas novedosas y, sin duda, se te ocurrirán muchas más que vayan de acuerdo a la personalidad y a las necesidades específicas de tu pareja. Pongo éstas en la lista para mostrarte que no es difícil hacer una cosa cada día que traiga felicidad a quien amas. Vuelve a leer tu lista con frecuencia y agrégale nuevos puntos.

- Da halagos. Esto es muy importante.
- Reconoce los actos que realice y que muestren consideración.
- Recuerda las ocasiones especiales.
- Ayuda cada vez que la oportunidad se presente.
- Encuentra formas de mejorar tu entorno inmediato.
- Haz algo inesperado que traiga felicidad.
- Ofrece con regularidad acariciar sus pies, darle masaje, frotar su cabeza o rascar su espalda por diez minutos.
- Ayuda con otras tareas que normalmente realice tu pareja.
- Brinda apoyo.
- Escucha atentamente, y ubica cuándo debes permanecer callado.
- No siempre insistas en que las cosas se hagan a tu manera.
- Da un regalo, incluso algo pequeño, como una comida o golosina preferida, una flor, un CD de música, un DVD que puedan ver juntos, un guante de crin para usar en la ducha, un libro sobre un tema que a tu pareja le interese, una nota colocada en la almohada, la sugerencia de salir juntos una noche o ir al cine, un pequeño poema que hayas escrito, un paquete de incienso o una foto enmarcada de

ustedes dos juntos, o bien de parientes, hermanos o amigos.

- Y, por supuesto, estar tan alegre y con tan buen ánimo como puedas es uno de los mejores regalos que le puedes dar a alguien.

Ley 14

Tú eres el autor de cada momento que sigue

¿Cómo voy a vivir hoy para crear el mañana con el que estoy comprometido?

ANTHONY ROBBINS (1960)

Ahora que ya entiendes la ley de causa y efecto, hay una pieza más que debes poner en su lugar y que te ayudará a crear una firme filosofía personal y a usar todas las leyes del amor contenidas en este libro para crear tu relación ideal. Es ésta: tú eres el autor de cada momento que sigue. Tú controlas cómo reaccionarás y responderás en todo momento. De hecho, eres mucho más poderoso de lo que sospechas, porque eres el centro de tu universo personal.

Quizá no creas ser el centro del universo como tal, y lo más probable es que no lo seas. Sin embargo, hay un universo en el que eres el personaje clave y del cual eres el centro. Yo le llamo tu "universo personal". Es esa porción del universo que te afecta en lo personal y a su vez tú afectas.

Cada vez que hablas o actúas de alguna manera, estás afectando algo en tu universo personal. Si ayudas a alguien y años más tarde esa persona te hace un favor, has afectado tu universo personal y has sido afectado por él.

Si lastimas a tu pareja física, emocional o espiritualmente y, como reacción, se cierra a ti o se enoja, estás experimentando los efectos de causas que has puesto en marcha dentro de tu propio universo. Lo que percibas al escuchar, ver, tocar, oler o probar llega a ti desde tu universo personal. Tú eres el centro de comando, recibiendo información y tomando acción.

Tu universo personal existe *sólo* porque tú existes. Si no existieras, tampoco él existiría. En ese universo tú *eres* el centro. Ser el centro de tu universo personal es más que estar *en* el centro. Ser el centro significa que conforme te mueves, el centro se mueve contigo.

Sólo si estás plenamente consciente de que eres el centro de tu universo personal y de que creas e influyes en todo lo que te rodea al ser como eres a cada momento, podrás entender la importancia de cada uno de tus pensamientos y acciones, y de cómo éstas crean o destruyen tu relación más feliz.

Eres capaz de cumplir tus metas

El concepto de que minuto a minuto estás creando tu relación puede requerir que te acostumbres a él, pero el esfuerzo que dediques a esto pagará altos dividendos. Si te es difícil imaginarte a ti mismo como el centro de tu universo personal, piensa en esto de la siguiente manera. Imagina tu vida como si fuera una película en la que haces el papel del héroe. Tómate un momento para pensar en el último año o incluso el último mes de tu vida. ¿Has sido un buen héroe? ¿Has sido el tipo de persona que te gustaría que otros vieran y emularan? ¿Has sido la clase de persona que podría atraer el amor y la devoción del ser con quien quieres compartir tu vida?

Adivina quién es el director de esa película. ¿Quién es el productor? ¿Quién es el protagonista? ¿Quién es el guionista? Si no te gusta el guión o la dirección hacia la que va la película, ¿quién tiene el poder de hacer cambios? Tú, pues eres el autor de cada momento que sigue.

Conforme has estado leyendo este libro y aprendiendo acerca de las leyes del amor, probablemente has identificado algunos cambios que te gustaría hacer si la tarea parece demasiado compleja, no dejes que eso te detenga. No puedes cultivar una enorme superficie de tierra de golpe, pero si logras arar un surco a la vez, inevitablemente más adelante verás que el campo entero queda cultivado.

Pensar en escalar una gran montaña entera es desalentador. Sin embargo, es fácil dar un paso hacia arriba en la montaña, y seguir paso a paso hasta alcanzar la cima. De la misma manera, es difícil visualizar de inicio todos los cambios que haya que realizar a lo largo de un año o un proyecto entero. Pero si divides el año o el proyecto en meses, luego en días, luego en horas, puedes dominar el arte de visualizar. Debes saber que, sin importar lo que haya ocurrido antes, sin importar cómo sean tus circunstancias actuales, sin importar qué sueños tengas para tu vida y tus relaciones, estás perfectamente equipado y eres plenamente capaz de cumplir tus metas y obtener tus deseos, paso a paso.

Pasos a seguir para la Ley 14

EL PODER DE DAR EL SIGUIENTE PASO

Si uno avanza con seguridad rumbo a sus sueños,
y lucha por vivir la vida que ha imaginado, se
encontrará con éxito inesperado en horas comunes.

Henry David Thoreau (1817-1862)

Cuando empiezas a trabajar con las leyes del amor, no necesitas preocuparte demasiado por el resultado. Todo lo que necesitas es empezar. Empieza con tareas pequeñas, fáciles de realizar, paso a paso. Recuerda que el universo siempre está consciente de ti y que responderá conforme vayas tomando el siguiente paso. Cada cambio pequeño y positivo que hagas afectará favorablemente a tu pareja y a tu relación.

- Enfócate en una ley del amor a la vez. Relee el capítulo sobre esa ley, al igual que los pasos a seguir. Piensa cómo esa ley podría aplicarse a tu relación o a la relación que quieres tener en tu vida.
- Identifica algo que puedas hacer con esa ley para atraer resultados positivos.

- Una vez que comprendas cómo funciona esa ley y veas algunos resultados en tu vida, puedes agregar nuevos pasos a seguir que se relacionen con esa ley, o seguir con la siguiente.

Conforme te enfoques en cada ley, empezarás a percibir los sucesos, a ti mismo y a tu pareja de una nueva forma. Como resultado de la ley natural, la de causa y efecto, *sí* crearás nuevos resultados en tu vida. Esto no significa que no enfrentarás retos. Sin embargo, hasta en los momentos más difíciles que pongan a prueba tu relación, tendrás confianza en ti y en el futuro, porque ya posees las herramientas que necesitas: sabrás cómo trabajar con las leyes del amor. Lo único necesario para que tengas éxito, gran éxito, es la perseverancia para alcanzar tus metas, cultivar la resistencia como característica inamovible de tu carácter y seguir el camino de las leyes del amor.

Conclusión

Las leyes del amor son irrompibles, inamovibles, permanentes. Puedes confiar en ellas. Haz tu mejor esfuerzo, sin guardarte nada. Entrega todo tu ser al vivir la vida y al amar. Eres un ser dorado en un universo sin muerte, destinado a estar aquí en este momento mágico en el tiempo, en el que puedes tener la relación de tus sueños o hasta una mejor. Te deseo momentos valiosos, momentos para atesorar y una abundancia de amor.

Chris Prentiss es el autor de varios libros populares sobre crecimiento personal, incluyendo *Zen y el arte de la felicidad*; *La cura del alcoholismo y otras adicciones*; *Sé quien quieres ser y obtén lo que quieres tener*; *El pequeño libro de secretos*; e *I Ching: el libro de las respuestas*. Es el cofundador de los internacionalmente renombrados Centros para la Cura de Adicciones Passages. También ha escrito, producido y dirigido una película. Chris Prentiss vive con su esposa en Hawái.

Chris Prentiss es el autor de varios libros populares sobre crecimiento personal, incluyendo *Zen y el arte de la felicidad*, *La cura del alcoholismo y otras adicciones*, *Sé quien quieras ser y obtén* [illegible] *El pequeño libro de secretos*, el *I Ching: el libro de las respuestas*. Es el cofundador de los internacionalmente renombrados Centros para la Cura de Adicciones Passages. También ha escrito, producido y dirigido una película. Chris Prentiss vive con su esposa en Malibú.

Este libro se terminó de imprimir en el mes de
Septiembre del 2012, en Impresos Vacha, S.A. de C.V.
Juan Hernández y Dávalos Núm. 47, Col. Algarín,
México, D.F., CP 06880, Del. Cuauhtémoc.